# L'ART DE LA GUERRE

AF519492

SUN TZU

**Publicado por**
**GOLDEN BOOKMARK PUBLISHING**

Correo electrónico: goldenbookmarkpublishing@gmail.com
Copyright © 2025 GOLDEN BOOKMARK PUBLISHINGTodos los derechos reservados.

Para obtener más detalles o consultas, comuníquese con el editor al correo electrónico anterior.

Publicado por primera vez por GOLDEN BOOKMARK PUBLISHING en 2025

Golden Bookmark

## Contents

# Article I – De l'évaluation

Sun Tzu dit : La guerre est d'une importance vitale pour l'État. C'est le domaine de la vie et de la mort : la conservation ou la perte de l'empire en dépendent ; il est impérieux de le bien régler. Ne pas faire de sérieuses réflexions sur ce qui le concerne, c'est faire preuve d'une coupable indifférence pour la conservation ou pour la perte de ce qu'on a de plus cher, et c'est ce qu'on ne doit pas trouver parmi nous.

Cinq choses principales doivent faire l'objet de nos continuelles méditations et de tous nos soins, comme le font ces grands artistes qui, lorsqu'ils entreprennent quelque chef-d'œuvre, ont toujours présent à l'esprit le but qu'ils se proposent, mettent à profit tout ce qu'ils voient, tout ce qu'ils entendent, ne négligent rien pour acquérir de nouvelles connaissances et tous les secours qui peuvent les conduire heureusement à leur fin.

Si nous voulons que la gloire et les succès accompagnent nos armes, nous ne devons jamais perdre de vue : la doctrine, le temps, l'espace, le commandement, la discipline.

La doctrine fait naître l'unité de penser ; elle nous inspire une même manière de vivre et de mourir, et nous rend intrépides et inébranlables dans les malheurs et dans la mort.

Si nous connaissons bien le temps, nous n'ignorerons point ces deux grands principes Yin et Yang par lesquels toutes les choses naturelles sont formées et par lesquels les éléments reçoivent leurs différentes modifications ; nous saurons le temps de leur union et de leur mutuel concours pour la production du froid, du chaud, de la sérénité ou de l'intempérie de l'air.

L'espace n'est pas moins digne de notre attention que le temps ; étudions le bien, et nous aurons la connaissance du haut et du bas, du loin comme du près, du large et de l'étroit, de ce qui demeure et de ce qui ne fait que passer.

J'entends par commandement, l'équité, l'amour pour ceux en particulier qui nous sont soumis et pour tous les hommes en général ; la science des ressources, le courage et la valeur, la rigueur, telles sont les qualités qui doivent caractériser celui qui est revêtu de la dignité de général ; vertus nécessaires pour l'acquisition desquelles nous ne devons rien négliger : seules elles peuvent nous mettre en état de marcher dignement à la tête des autres.

Aux connaissances dont je viens de parler, il faut ajouter celle de la discipline. Posséder l'art de ranger les troupes ; n'ignorer aucune des lois de la subordination et les faire observer à la rigueur ; être instruit des devoirs particuliers de chacun de nos subalternes ; savoir connaître les différents chemins par où on peut arriver à un même terme ; ne pas dédaigner d'entrer dans un détail exact de toutes les choses qui peuvent servir, et se mettre au fait de chacune d'elles en particulier. Tout cela ensemble forme un corps de discipline dont la connaissance pratique ne doit point échapper à la sagacité ni aux attentions d'un général.

Vous donc que le choix du prince a placé à la tête des armées, jetez les fondements de votre science militaire sur les cinq principes que je viens d'établir. La victoire suivra partout vos pas : vous n'éprouverez au contraire que les plus honteuses défaites si, par ignorance ou par présomption, vous venez à les omettre ou à les rejeter.

Les connaissances que je viens d'indiquer vous permettront de discerner, parmi les princes qui gouvernent le monde, celui qui a le plus de doctrine et de vertus ; vous connaîtrez les grands généraux qui peuvent se trouver dans les différents royaumes, de sorte que vous pourrez conjecturer assez sûrement quel est celui des deux antagonistes qui doit l'emporter ; et si vous devez entrer vous-même en lice, vous pourrez raisonnablement vous flatter de devenir victorieux.

Ces mêmes connaissances vous feront prévoir les moments les plus favorables, le temps et l'espace étant conjugués, pour ordonner le mouvement des troupes et les itinéraires qu'elles devront suivre, et dont vous réglerez à propos toutes les marches. Vous ne commencerez ni ne terminerez jamais la campagne hors de saison. Vous connaîtrez le fort et le faible, tant de ceux qu'on aura confiés à vos soins que des ennemis que vous aurez à combattre. Vous saurez en quelle quantité et dans quel état se trouveront les munitions de guerre et de bouche des deux armées, vous distribuerez les récompenses avec libéralité, mais avec choix, et vous n'épargnerez pas les châtiments quand il en sera besoin.

Admirateurs de vos vertus et de vos capacités, les officiers généraux placés sous votre autorité vous serviront autant par plaisir que par devoir. Ils entreront dans toutes vos vues, et leur exemple entraînera infailliblement celui des subalternes, et les simples soldats concourront eux-mêmes de toutes leurs forces à vous assurer les plus glorieux succès.

Estimé, respecté, chéri des vôtres, les peuples voisins viendront avec joie se ranger sous les étendards du prince que vous servez, ou pour vivre sous ses lois, ou pour obtenir simplement sa protection.

Également instruit de ce que vous pourrez et de ce que vous ne pourrez pas, vous ne formerez aucune entreprise qui ne puisse être menée à bonne fin. Vous verrez, avec la même pénétration, ce qui sera loin de vous comme ce qui se passera sous vos yeux, et ce qui se passera sous vos yeux comme ce qui en est le plus éloigné.

Vous profiterez de la dissension qui surgit chez vos ennemis pour attirer les mécontents dans votre parti en ne leur ménageant ni les promesses, ni les dons, ni les récompenses.

Si vos ennemis sont plus puissants et plus forts que vous, vous ne les attaquerez point, vous éviterez avec un grand soin ce qui peut conduire à un engagement général ; vous cacherez toujours avec une extrême attention l'état où vous vous trouverez.

Il y aura des occasions où vous vous abaisserez, et d'autres où vous affecterez d'avoir peur. Vous feindrez quelquefois d'être faible afin que vos ennemis, ouvrant la porte à la présomption et à l'orgueil, viennent ou vous attaquer mal à propos, ou se laissent surprendre eux-mêmes et tailler en pièces honteusement. Vous ferez en sorte que ceux qui vous sont inférieurs ne puissent jamais pénétrer vos desseins. Vous tiendrez vos troupes toujours alertes, toujours en mouvement et dans l'occupation, pour empêcher qu'elles ne se laissent amollir par un honteux repos.

Si vous prêtez quelque intérêt aux avantages de mes plans, faites en sorte de créer des situations qui contribuent à leur accomplissement.

J'entends par situation que le général agisse à bon escient, en harmonie avec ce qui est avantageux, et, par là-même, dispose de la maîtrise de l'équilibre.

Toute campagne guerrière doit être réglée sur le semblant ; feignez le désordre, ne manquez jamais d'offrir un appât à l'ennemi pour le leurrer, simulez l'infériorité pour encourager son arrogance, sachez attiser son courroux pour mieux le plonger dans la confusion : sa convoitise le lancera sur vous pour s'y briser.

Hâtez vos préparatifs lorsque vos adversaires se concentrent ; là où ils sont puissants, évitez-les.

Plongez l'adversaire dans d'inextricables épreuves et prolongez son épuisement en vous tenant à distance ; veillez à fortifier vos alliances au-dehors, et à affermir vos positions au-dedans par une politique de soldats-paysans.

Quel regret que de tout risquer en un seul combat, en négligeant la stratégie victorieuse, et faire dépendre le sort de vos armes d'une unique bataille !

Lorsque l'ennemi est uni, divisez-le ; et attaquez là où il n'est point préparé, en surgissant lorsqu'il ne vous attend point. Telles sont les clefs stratégiques de la victoire, mais prenez garde de ne point les engager par avance.

Que chacun se représente les évaluations faites dans le temple, avant les hostilités, comme des mesures : elles disent la victoire lorsqu'elles démontrent que votre force est supérieure à celle de l'ennemi ; elles indiquent la défaite lorsqu'elles démontrent qu'il est inférieur en force.

Considérez qu'avec de nombreux calculs on peut remporter la victoire, redoutez leur insuffisance. Combien celui qui n'en fait point a peu de chances de gagner !

C'est grâce à cette méthode que j'examine la situation, et l'issue apparaîtra clairement.

## Article II – De l'engagement

Sun Tzu dit : Je suppose que vous commencez la campagne avec une armée de cent mille hommes, que vous êtes suffisamment pourvu des munitions de guerre et de bouche, que vous avez deux mille chariots, dont mille sont pour la course, et les autres uniquement pour le transport ; que jusqu'à cent lieues de vous, il y aura partout des vivres pour l'entretien de votre armée ; que vous faites transporter avec soin tout ce qui peut servir au raccommodage des armes et des chariots ; que les artisans et les autres qui ne sont pas du corps des soldats vous ont déjà précédé ou marchent séparément à votre suite ; que toutes les choses qui servent pour des usages étrangers, comme celles qui sont purement pour la guerre, sont toujours à couvert des injures de l'air et à l'abri des accidents fâcheux qui peuvent arriver.

Je suppose encore que vous avez mille onces d'argent à distribuer aux troupes chaque jour, et que leur solde est toujours payée à temps avec la plus rigoureuse exactitude. Dans ce cas, vous pouvez aller droit à l'ennemi. L'attaquer et le vaincre seront pour vous une même chose.

Je dis plus : ne différez pas de livrer le combat, n'attendez pas que vos armes contractent la rouille, ni que le tranchant de vos épées s'émousse. La victoire est le principal objectif de la guerre.

S'il s'agit de prendre une ville, hâtez-vous d'en faire le siège ; ne pensez qu'à cela, dirigez là toutes vos forces ; il faut ici tout brusquer ; si vous y manquez, vos troupes courent le risque de tenir longtemps la campagne, ce qui sera une source de funestes malheurs.

Les coffres du prince que vous servez s'épuiseront, vos armes perdues par la rouille ne pourront plus vous servir, l'ardeur de vos soldats se ralentira, leur courage et leurs forces s'évanouiront, les provisions se consumeront, et peut-être même vous trouverez-vous réduit aux plus fâcheuses extrémités.

Instruits du pitoyable état où vous serez alors, vos ennemis sortiront tout frais, fondront sur vous, et vous tailleront en pièces. Quoique jusqu'à ce jour vous ayez joui d'une grande réputation, désormais vous aurez perdu la face. En vain dans d'autres occasions aurez-vous donné des marques éclatantes de votre valeur, toute la gloire que vous aurez acquise sera effacée par ce dernier trait.

Je le répète : On ne saurait tenir les troupes longtemps en campagne, sans porter un très grand préjudice à l'État et sans donner une atteinte mortelle à sa propre réputation.

Ceux qui possèdent les vrais principes de l'art militaire ne s'y prennent pas à deux fois. Dès la première campagne, tout est fini ; ils ne consomment pas pendant trois années de suite des vivres inutilement. Ils trouvent le moyen de faire subsister leurs armées au dépens de l'ennemi, et épargnent à État les frais immenses qu'il est obligé de faire, lorsqu'il faut transporter bien loin toutes les provisions.

Ils n'ignorent point, et vous devez le savoir aussi, que rien n'épuise tant un royaume que les dépenses de cette nature ; car que l'armée soit aux frontières, ou qu'elle soit dans les pays éloignés, le peuple en souffre toujours ; toutes les choses nécessaires à la vie augmentent de prix, elles deviennent rares, et ceux même qui, dans les temps ordinaires, sont le plus à leur aise n'ont bientôt plus de quoi les acheter.

Le prince perçoit en hâte le tribut des denrées que chaque famille lui doit ; et la misère se répandant du sein des villes jusque dans les campagnes, des dix parties du nécessaire on est obligé d'en retrancher sept. Il n'est pas jusqu'au souverain qui ne ressente sa part des malheurs communs. Ses cuirasses, ses casques, ses flèches, ses arcs, ses boucliers, ses chars, ses lances, ses javelots, tout cela se détruira. Les chevaux, les bœufs même qui labourent les terres du domaine dépériront, et, des dix parties de sa dépense ordinaire, se verra contraint d'en retrancher six.

C'est pour prévenir tous ces désastres qu'un habile général n'oublie rien pour abréger les campagnes, et pour pouvoir vivre aux dépens de l'ennemi, ou tout au moins pour consommer les denrées étrangères, à prix d'argent, s'il le faut.

Si l'armée ennemie a une mesure de grain dans son camp, ayez-en vingt dans le vôtre ; si votre ennemi a cent vingt livres de fourrage pour ses chevaux, ayez-en deux mille quatre cents pour les vôtres. Ne laissez échapper aucune occasion de l'incommoder, faites-le périr en détail, trouvez les moyens de l'irriter pour le faire tomber dans quelque piège ; diminuez ses forces le plus que vous pourrez, en lui faisant faire des diversions, en lui tuant de temps en temps quelque parti, en lui enlevant de ses convois, de ses équipages, et d'autres choses qui pourront vous être de quelque utilité.

Lorsque vos gens auront pris sur l'ennemi au-delà de dix chars, commencez par récompenser libéralement tant ceux qui auront conduit l'entreprise que ceux qui l'auront exécutée. Employez ces chars aux mêmes usages que vous employez les vôtres, mais auparavant ôtez-en les marques distinctives qui pourront s'y trouver.

Traitez bien les prisonniers, nourrissez-les comme vos propres soldats ; faites en sorte, s'il se peut, qu'ils se trouvent mieux chez vous qu'ils ne le seraient dans leur propre camp, ou dans le sein même de leur patrie. Ne les laissez jamais oisifs, tirez parti de leurs services avec les défiances convenables, et, pour le dire en deux mots, conduisez-vous à leur égard comme s'ils étaient des troupes qui se fussent enrôlées librement sous vos étendards. Voilà ce que j'appelle gagner une bataille et devenir plus fort.

Si vous faites exactement ce que je viens de vous indiquer, les succès accompagneront tous vos pas, partout vous serez vainqueur, vous ménagerez la vie de vos soldats, vous affermirez votre pays dans ses anciennes possessions, vous lui en procurerez de nouvelles, vous augmenterez la splendeur et la gloire de État, et le prince ainsi que les sujets vous seront redevables de la douce tranquillité dans laquelle ils couleront désormais leurs jours.

L'essentiel est dans la victoire et non dans les opérations prolongées.

Le général qui s'entend dans l'art de la guerre est le ministre du destin du peuple et l'arbitre de la destinée de la victoire.

Quels objets peuvent être plus dignes de votre attention et de tous vos efforts !

# Article III – Des propositions de la victoire et de la défaite

Sun Tzu dit : Voici quelques maximes dont vous devez être pénétré avant que de vouloir forcer des villes ou gagner des batailles.

Conserver les possessions et tous les droits du prince que vous servez, voilà quel doit être le premier de vos soins ; les agrandir en empiétant sur les ennemis, c'est ce que vous ne devez faire que lorsque vous y serez forcé.

Veiller au repos des villes de votre propre pays, voilà ce qui doit principalement vous occuper ; troubler celui des villes ennemies, ce ne doit être que votre pis-aller.

Mettre à couvert de toute insulte les villages amis, voilà ce à quoi vous devez penser ; faire des irruptions dans les villages ennemis, c'est ce à quoi la nécessité seule doit vous engager.

Empêcher que les hameaux et les chaumières des paysans ne souffrent le plus petit dommage, c'est ce qui mérite également votre attention ; porter le ravage et dévaster les installations agricoles de vos ennemis, c'est ce qu'une disette de tout doit seule vous faire entreprendre.

Conserver les possessions des ennemis est ce que vous devez faire en premier lieu, comme ce qu'il y a de plus parfait ; les détruire doit être l'effet de la nécessité. Si un général agit ainsi, sa conduite ne différera pas de celle des plus vertueux personnages ; elle s'accordera avec le Ciel et la Terre, dont les opérations tendent à la production et à la conservation des choses plutôt qu'à leur destruction.

Ces maximes une fois bien gravées dans votre cœur, je suis garant du succès.

Je dis plus : la meilleure politique guerrière est de prendre un État intact ; une politique inférieure à celle-ci consisterait à le ruiner.

Il vaut mieux que l'armée de l'ennemi soit faite prisonnière plutôt que détruite ; il importe davantage de prendre un bataillon intact que de l'anéantir.

Eussiez-vous cent combats à livrer, cent victoires en seraient le fruit.

Cependant ne cherchez pas à dompter vos ennemis au prix des combats et des victoires ; car, s'il y a des cas où ce qui est au-dessus du bon n'est pas bon lui-même, c'en est ici un où plus on s'élève au-dessus du bon, plus on s'approche du pernicieux et du mauvais.

Il faut plutôt subjuguer l'ennemi sans donner bataille : ce sera là le cas où plus vous vous élèverez au-dessus du bon, plus vous approcherez de l'incomparable et de l'excellent.

Les grands généraux en viennent à bout en découvrant tous les artifices de l'ennemi, en faisant avorter tous ses projets, en semant la discorde parmi ses partisans, en les tenant toujours en haleine, en empêchant les secours étrangers qu'il pourrait recevoir, et en lui ôtant toutes les facilités qu'il pourrait avoir de se déterminer à quelque chose d'avantageux pour lui.

Sun Tzu dit : Il est d'une importance suprême dans la guerre d'attaquer la stratégie de l'ennemi.

Celui qui excelle à résoudre les difficultés le fait avant qu'elles ne surviennent.

Celui qui arrache le trophée avant que les craintes de son ennemi ne prennent forme excelle dans la conquête.

Attaquez le plan de l'adversaire au moment où il naît.

Puis rompez ses alliances.

Puis attaquez son armée.

La pire des politiques consiste à attaquer les cités.

N'y consentez que si aucune autre solution ne peut être mise à exécution.

Il faut au moins trois mois pour préparer les chariots parés pour le combat, les armes nécessaires et l'équipement, et encore trois mois pour construire des talus le long des murs.

Si vous êtes contraint de faire le siège d'une place et de la réduire, disposez de telle sorte vos chars, vos boucliers et toutes les machines nécessaires pour monter à l'assaut, que tout soit en bon état lorsqu'il sera temps de l'employer.

Faites en sorte surtout que la reddition de la place ne soit pas prolongée au-delà de trois mois. Si, ce terme expiré, vous n'êtes pas encore venu à bout de vos fins, sûrement il y aura eu quelques fautes de votre part ; n'oubliez rien pour les réparer. À la tête de vos troupes, redoublez vos efforts ; en allant à l'assaut, imitez la vigilance, l'activité, l'ardeur et l'opiniâtreté des fourmis.

Je suppose que vous aurez fait auparavant les retranchements et les autres ouvrages nécessaires, que vous aurez élevé des redoutes pour découvrir ce qui se passe chez les assiégés, et que vous aurez paré à tous les inconvénients que votre prudence vous aura fait prévoir. Si, avec toutes ces précautions, il arrive que de trois parties de vos soldats vous ayez le malheur d'en perdre une, sans pouvoir être victorieux, soyez convaincu que vous n'avez pas bien attaqué.

Un habile général ne se trouve jamais réduit à de telles extrémités ; sans donner des batailles, il sait l'art d'humilier ses ennemis ; sans répandre une goutte de sang, sans tirer même l'épée, il vient à bout de prendre les villes ; sans mettre les pieds dans les royaumes étrangers, il trouve le moyen de les conquérir sans opérations prolongées ; et sans perdre un temps considérable à la tête de ses troupes, il procure une gloire immortelle au prince qu'il sert, il assure le bonheur de ses compatriotes, et fait que l'Univers lui est redevable du repos et de la paix : tel est le but auquel tous ceux qui commandent les armées doivent tendre sans cesse et sans jamais se décourager.

Votre but demeure de vous saisir de l'empire alors qu'il est intact ; ainsi vos troupes ne seront pas épuisées et vos gains seront complets. Tel est l'art de la stratégie victorieuse.

Il y a une infinité de situations différentes dans lesquelles vous pouvez vous trouver par rapport à l'ennemi. On ne saurait les prévoir toutes ; c'est pourquoi je n'entre pas dans un plus grand détail. Vos lumières et votre expérience vous suggéreront ce que vous aurez à faire, à mesure que les circonstances se présenteront. Néanmoins, je vais vous donner quelques conseils généraux dont vous pourrez faire usage à l'occasion.

Si vous êtes dix fois plus fort en nombre que ne l'est l'ennemi, environnez-le de toutes parts ; ne lui laissez aucun passage libre ; faites en sorte qu'il ne puisse ni s'évader pour aller camper ailleurs, ni recevoir le moindre secours.

Si vous avez cinq fois plus de monde que lui, disposez tellement votre armée qu'elle puisse l'attaquer par quatre côtés à la fois, lorsqu'il en sera temps.

Si l'ennemi est une fois moins fort que vous, contentez-vous de partager votre armée en deux.

Mais si de part et d'autre il y a une même quantité de monde, tout ce que vous pouvez faire c'est de hasarder le combat.

Si, au contraire, vous êtes moins fort que lui, soyez continuellement sur vos gardes, la plus petite faute serait de la dernière conséquence pour vous. Tâchez de vous mettre à l'abri, et évitez autant que vous le pourrez d'en venir aux mains avec lui ; la prudence et la fermeté d'un petit nombre de gens peuvent venir à bout de lasser et de dompter même une nombreuse armée. Ainsi vous êtes à la fois capable de vous protéger et de remporter une victoire complète.

Celui qui est à la tête des armées peut se regarder comme le soutien de État, et il l'est en effet. S'il est tel qu'il doit être, le royaume sera dans la prospérité ; si au contraire il n'a pas les qualités nécessaires pour remplir dignement le poste qu'il occupe, le royaume en souffrira infailliblement et se trouvera peut-être réduit à deux doigts de sa perte.

Un général ne peut bien servir État que d'une façon, mais il peut lui porter un très grand préjudice de bien des manières différentes.

Il faut beaucoup d'efforts et une conduite que la bravoure et la prudence accompagnent constamment pour pouvoir réussir : il ne faut qu'une faute pour tout perdre ; et, parmi les fautes qu'il peut faire, de combien de sortes n'y en a-t-il pas ? S'il lève des troupes hors de saison, s'il les fait sortir lorsqu'il ne faut pas qu'elles sortent, s'il n'a pas une connaissance exacte des lieux où il doit les conduire, s'il leur fait faire des campements désavantageux, s'il les fatigue hors de propos, s'il les fait revenir sans nécessité, s'il ignore les besoins de ceux qui composent son armée, s'il ne sait pas le genre d'occupation auquel chacun d'eux s'exerçait auparavant, afin d'en tirer parti suivant leurs talents ; s'il ne connaît pas le fort et le faible de ses gens, s'il n'a pas lieu de compter sur leur fidélité, s'il ne fait pas observer la discipline dans toute la rigueur, s'il manque du talent de bien gouverner, s'il est irrésolu et s'il chancelle dans les occasions où il faut prendre tout à coup son parti, s'il ne fait pas dédommager à propos ses soldats lorsqu'ils auront eu à souffrir, s'il permet qu'ils soient vexés sans raison par leurs officiers, s'il ne sait pas empêcher les dissensions qui pourraient naître parmi les chefs ; un général qui tomberait dans ces fautes rendrait l'armée boiteuse et épuiserait d'hommes et de vivres le royaume, et deviendrait lui-même la honteuse victime de son incapacité.

Sun Tzu dit : Dans le gouvernement des armées il y a sept maux :

I. Imposer des ordres pris en Cour selon le bon plaisir du prince.

II. Rendre les officiers perplexes en dépêchant des émissaires ignorant les affaires militaires.

III. Mêler les règlements propres à l'ordre civil et à l'ordre militaire.

IV. Confondre la rigueur nécessaire au gouvernement de État, et la flexibilité que requiert le commandement des troupes.

V. Partager la responsabilité aux armées.

VI. Faire naître la suspicion, qui engendre le trouble : une armée confuse conduit à la victoire de l'autre.

VII. Attendre les ordres en toute circonstance, c'est comme informer un supérieur que vous voulez éteindre le feu : avant que l'ordre ne vous parvienne, les cendres sont déjà froides ; pourtant il est dit dans le code que l'on doit en référer à l'inspecteur en ces matières ! Comme si, en bâtissant une maison sur le bord de la route, on prenait conseil de ceux qui passent ; le travail ne serait pas encore achevé !

Tel est mon enseignement :

Nommer appartient au domaine réservé au souverain, décider de la bataille à celui du général.

Un prince de caractère doit choisir l'homme qui convient, le revêtir de responsabilités et attendre les résultats.

Pour être victorieux de ses ennemis, cinq circonstances sont nécessaires :

I. Savoir quand il est à propos de combattre, et quand il convient de se retirer.

II. Savoir employer le peu et le beaucoup suivant les circonstances.

III. Assortir habilement ses rangs.

Mensius dit : « La saison appropriée n'est pas aussi importante que les avantages du sol ; et tout cela n'est pas aussi important que l'harmonie des relations humaines. »

IV. Celui qui, prudent, se prépare à affronter l'ennemi qui n'est pas encore ; celui-là même sera victorieux. Tirer prétexte de sa rusticité et ne pas prévoir est le plus grand des crimes ; être prêt en-dehors de toute contingence est la plus grande des vertus.

V. Être à l'abri des ingérences du souverain dans tout ce qu'on peut tenter pour son service et la gloire de ses armes.

C'est dans ces cinq matières que se trouve la voie de la victoire.

Connais ton ennemi et connais-toi toi-même ; eussiez-vous cent guerres à soutenir, cent fois vous serez victorieux. Si tu ignores ton ennemi et que tu te connais toi-même, tes chances de perdre et de gagner seront égales.

Si tu ignores à la fois ton ennemi et toi-même, tu ne compteras tes combats que par tes défaites.

# Article IV – De la mesure dans la disposition des moyens

Sun Tzu dit : Anciennement ceux qui étaient expérimentés dans l'art des combats se rendaient invincibles, attendaient que l'ennemi soit vulnérable et ne s'engageaient jamais dans des guerres qu'ils prévoyaient ne devoir pas finir avec avantage.

Avant que de les entreprendre, ils étaient comme sûrs du succès. Si l'occasion d'aller contre l'ennemi n'était pas favorable, ils attendaient des temps plus heureux.

Ils avaient pour principe que l'on ne pouvait être vaincu que par sa propre faute, et qu'on n'était jamais victorieux que par la faute des ennemis.

Se rendre invincible dépend de soi, rendre à coup sûr l'ennemi vulnérable dépend de lui-même.

Être instruit des moyens qui assurent la victoire n'est pas encore la remporter.

Ainsi, les habiles généraux savaient d'abord ce qu'ils devaient craindre ou ce qu'ils avaient à espérer, et ils avançaient ou reculaient la campagne, ils donnaient bataille ou ils se retranchaient, suivant les lumières qu'ils avaient, tant sur l'état de leurs propres troupes que sur celui des troupes de l'ennemi. S'ils se croyaient plus forts, ils ne craignaient pas d'aller au combat et d'attaquer les premiers. S'ils voyaient au contraire qu'ils fussent plus faibles, ils se retranchaient et se tenaient sur la défensive.

L'invincibilité se trouve dans la défense, la possibilité de victoire dans l'attaque.

Celui qui se défend montre que sa force est inadéquate, celui qui attaque qu'elle est abondante.

L'art de se tenir à propos sur la défensive ne le cède point à celui de combattre avec succès.

Les experts dans la défense doivent s'enfoncer jusqu'au centre de la Terre. Ceux, au contraire, qui veulent briller dans l'attaque doivent s'élever jusqu'au neuvième ciel. Pour se mettre en défense contre l'ennemi, il faut être caché dans le sein de la Terre, comme ces veines d'eau dont on ne sait pas la source, et dont on ne saurait trouver les sentiers. C'est ainsi que vous cacherez toutes vos démarches, et que vous serez impénétrable. Ceux qui combattent doivent s'élever jusqu'au neuvième ciel ; c'est-à-dire, il faut qu'ils combattent de telle sorte que l'Univers entier retentisse du bruit de leur gloire.

Sa propre conservation est le but principal qu'on doit se proposer dans ces deux cas. Savoir l'art de vaincre comme ceux qui ont fourni cette même carrière avec honneur, c'est précisément où vous devez tendre ; vouloir l'emporter sur tous, et chercher à raffiner dans les choses militaires, c'est risquer de ne pas égaler les grands maîtres, c'est s'exposer même à rester infiniment au-dessous d'eux, car c'est ici où ce qui est au-dessus du bon n'est pas bon lui-même.

Remporter des victoires par le moyen des combats a été regardé de tous temps par l'Univers entier comme quelque chose de bon, mais j'ose vous le dire, c'est encore ici où ce qui est au-dessus du bon est souvent pire que le mauvais. Prédire une victoire que l'homme ordinaire peut prévoir, et être appelé universellement expert, n'est pas le faîte de l'habileté guerrière. Car soulever le duvet des lapins en automne ne demande pas grande force ; il ne faut pas avoir les yeux bien pénétrants pour découvrir le soleil et la lune ; il ne faut pas avoir l'oreille bien délicate pour entendre le tonnerre lorsqu'il gronde avec fracas ; rien de plus naturel, rien de plus aisé, rien de plus simple que tout cela.

Les habiles guerriers ne trouvent pas plus de difficultés dans les combats ; ils font en sorte de remporter la bataille après avoir créé les conditions appropriées.

Ils ont tout prévu ; ils ont paré de leur part à toutes les éventualités. Ils savent la situation des ennemis, ils connaissent leurs forces, et n'ignorent point ce qu'ils peuvent faire et jusqu'où ils peuvent aller ; la victoire est une suite naturelle de leur savoir.

Aussi les victoires remportées par un maître dans l'art de la guerre ne lui rapportaient ni la réputation de sage, ni le mérite d'homme de valeur.

Qu'une victoire soit obtenue avant que la situation ne se soit cristallisée, voilà ce que le commun ne comprend pas.

C'est pourquoi l'auteur de la prise n'est pas revêtu de quelque réputation de sagacité. Avant que la lame de son glaive ne soit recouverte de sang, État ennemi s'est déjà soumis. Si vous subjuguez votre ennemi sans livrer combat, ne vous estimez pas homme de valeur.

Tels étaient nos Anciens : rien ne leur était plus aisé que de vaincre ; aussi ne croyaient-ils pas que les vains titres de vaillants, de héros, d'invincibles fussent un tribut d'éloges qu'ils eussent mérité. Ils n'attribuaient leur succès qu'au soin extrême qu'ils avaient eu d'éviter jusqu'à la plus petite faute.

Éviter jusqu'à la plus petite faute veut dire que, quoiqu'il fasse, il s'assure la victoire ; il conquiert un ennemi qui a déjà subi la défaite ; dans les plans jamais un déplacement inutile, dans la stratégie jamais un pas de fait en vain. Le commandant habile prend une position telle qu'il ne peut subir une défaite ; il ne manque aucune circonstance propre à lui garantir la maîtrise de son ennemi.

Une armée victorieuse remporte l'avantage, avant d'avoir cherché la bataille ; une armée vouée à la défaite combat dans l'espoir de gagner.

Ceux qui sont zélés dans l'art de la guerre cultivent le Tao et préservent les régulations ; ils sont donc capables de formuler des politiques de victoire.

Avant que d'en venir au combat, ils tâchaient d'humilier leurs ennemis, ils les mortifiaient, ils les fatiguaient de mille manières. Leurs propres camps étaient des lieux toujours à l'abri de toute insulte, des lieux toujours à couvert de toute surprise, des lieux toujours impénétrables. Ces généraux croyaient que, pour vaincre, il fallait que les troupes demandassent le combat avec ardeur ; et ils étaient persuadés que, lorsque ces mêmes troupes demandaient la victoire avec empressement, il arrivait ordinairement qu'elles étaient vaincues.

Ils ne veulent point dans les troupes une confiance trop aveugle, une confiance qui dégénère en présomption. Les troupes qui demandent la victoire sont des troupes ou amollies par la paresse, ou timides, ou présomptueuses. Des troupes au contraire qui, sans penser à la victoire, demandent le combat, sont des troupes endurcies au travail, des troupes vraiment aguerries, des troupes toujours sûres de vaincre.

C'est ainsi que d'un ton assuré ils osaient prévoir les triomphes ou les défaites, avant même que d'avoir fait un pas pour s'assurer des uns ou pour se préserver des autres.

Maintenant, voici les cinq éléments de l'art de la guerre :

I. La mesure de l'espace.

II. L'estimation des quantités.

III. Les règles de calcul.

IV. Les comparaisons.

V. Les chances de victoire.

Les mesures de l'espace sont dérivées du terrain ;

les quantités dérivent de la mesure ;

les chiffres émanent des quantités ;

les comparaisons découlent des chiffres ;

et la victoire est le fruit des comparaisons.

C'est par la disposition des forces qu'un général victorieux est capable de mener son peuple au combat, telles les eaux contenues qui, soudain relâchées, plongent dans un abîme sans fond.

Vous donc, qui êtes à la tête des armées, n'oubliez rien pour vous rendre digne de l'emploi que vous exercez. Jetez les yeux sur les mesures qui contiennent les quantités, et sur celles qui déterminent les dimensions : rappelez-vous les règles de calcul ; considérez les effets de la balance ; la victoire n'est que le fruit d'une supputation exacte.

Les considérations sur les différentes mesures vous conduiront à la connaissance de ce que la terre peut offrir d'utile pour vous ; vous saurez ce qu'elle produit, et vous profiterez toujours de ses dons ; vous n'ignorerez point les différentes routes qu'il faudra tenir pour arriver sûrement au terme que vous vous serez proposé.

Par le calcul, estimez si l'ennemi peut être attaqué, et c'est seulement après cela que la population doit être mobilisée et les troupes levées ; apprenez à distribuer toujours à propos les munitions de guerre et de bouche, à ne jamais donner dans les excès du trop ou du trop peu.

Enfin, si vous rappelez dans votre esprit les victoires qui ont été remportées en différents temps, et toutes les circonstances qui les ont accompagnées, vous n'ignorerez point les différents usages qu'on en aura faits, et vous saurez quels sont les avantages qu'elles auront procurés, ou quels sont les préjudices qu'elles auront portés aux vainqueurs eux-mêmes.

Un Y surpasse un Tchou. Dans les plateaux d'une balance, le Y emporte le Tchou. Soyez à vos ennemis ce que le Y est au Tchou. [**1**]

Après un premier avantage, n'allez pas vous endormir ou vouloir donner à vos troupes un repos hors de saison. Poussez votre pointe avec la même rapidité qu'un torrent qui se précipiterait de mille toises de haut. Que votre ennemi n'ait pas le temps de se reconnaître, et ne pensez à recueillir les fruits de votre victoire que lorsque sa défaite entière vous aura mis en état de le faire sûrement, avec loisir et tranquillité.

## Article V – De la contenance

Sun Tzu dit : Généralement, le commandement du grand nombre est le même que pour le petit nombre, ce n'est qu'une question d'organisation. Contrôler le grand et le petit nombre n'est qu'une seule et même chose, ce n'est qu'une question de formation et de transmission des signaux.

Ayez les noms de tous les officiers tant généraux que subalternes ; inscrivez-les dans un catalogue à part, avec la note des talents et de la capacité de chacun d'eux, afin de pouvoir les employer avec avantage lorsque l'occasion en sera venue. Faites en sorte que tous ceux que vous devez commander soient persuadés que votre principale attention est de les préserver de tout dommage.

Les troupes que vous ferez avancer contre l'ennemi doivent être comme des pierres que vous lanceriez contre des œufs. De vous à l'ennemi, il ne doit y avoir d'autre différence que celle du fort au faible, du vide au plein.

La certitude de subir l'attaque de l'ennemi sans subir une défaite est fonction de la combinaison entre l'utilisation directe et indirecte des forces. [**2**]

Usez généralement des forces directes pour engager la bataille, et des forces indirectes pour emporter la décision. Les ressources de ceux qui sont habiles dans l'utilisation des forces indirectes sont aussi infinies que celles des Cieux et de la Terre, et aussi inépuisables que le cours des grandes rivières.

Attaquez à découvert, mais soyez vainqueur en secret. Voilà en peu de mots en quoi consiste l'habileté et toute la perfection même du gouvernement des troupes. Le grand jour et les ténèbres, l'apparent et le secret ; voilà tout l'art. Ceux qui le possèdent sont comparables au Ciel et à la Terre, dont les mouvements ne sont jamais sans effet : ils ressemblent aux fleuves et aux mers dont les eaux ne sauraient tarir. Fussent-ils plongés dans les ténèbres de la mort, ils peuvent revenir à la vie ; comme le soleil et la lune, ils ont le temps où il faut se montrer, et celui où il faut disparaître ; comme les quatre saisons, ils ont les variétés qui leur conviennent ; comme les cinq tons de la musique, comme les cinq couleurs, comme les cinq goûts, ils peuvent aller à l'infini. Car qui a jamais entendu tous les airs qui peuvent résulter de la différente combinaison des tons ? Qui a jamais vu tout ce que peuvent présenter les couleurs différemment nuancées ? Qui a jamais savouré tout ce que les goûts différemment tempérés peuvent offrir d'agréable ou de piquant ? On n'assigne cependant que cinq couleurs et cinq sortes de goût.

Dans l'art militaire, et dans le bon gouvernement des troupes, il n'y a certes que deux sortes de forces ; leurs combinaisons étant sans limites, personne ne peut toutes les comprendre. Ces forces sont mutuellement productives et agissent entre elles. Ce serait dans la pratique une chaîne d'opérations dont on ne saurait voir le bout, tels ces anneaux multiples et entremêlés qu'il faut assembler pour former un annulaire, c'est comme une roue en mouvement qui n'a ni commencement ni fin.

Dans l'art militaire, chaque opération particulière a des parties qui demandent le grand jour, et des parties qui veulent les ténèbres du secret. Vouloir les assigner, cela ne se peut ; les circonstances peuvent seules les faire connaître et les déterminer. On oppose les plus grands quartiers de rochers à des eaux rapides dont on veut resserrer le lit : on n'emploie que des filets faibles et déliés pour prendre les petits oiseaux. Cependant, le fleuve rompt quelquefois ses digues après les avoir minées peu à peu, et les oiseaux viennent à bout de briser les chaînes qui les retiennent, à force de se débattre.

C'est par son élan que l'eau des torrents se heurte contre les rochers ; c'est sur la mesure de la distance que se règle le faucon pour briser le corps de sa proie.

Ceux-là possèdent véritablement l'art de bien gouverner les troupes, qui ont su et qui savent rendre leur puissance formidable, qui ont acquis une autorité sans borne, qui ne se laissent abattre par aucun événement, quelque fâcheux qu'il puisse être ; qui ne font rien avec précipitation ; qui se conduisent, lors même qu'ils sont surpris, avec le sang-froid qu'ils ont ordinairement dans les actions méditées et dans les cas prévus longtemps auparavant, et qui agissent toujours dans tout ce qu'ils font avec cette promptitude qui n'est guère que le fruit de l'habileté, jointe à une longue expérience. Ainsi l'élan de celui qui est habile dans l'art de la guerre est irrésistible, et son attaque est réglée avec précision.

Le potentiel de ces sortes de guerriers est comme celui de ces grands arcs totalement bandés, tout plie sous leurs coups, tout est renversé. Tels qu'un globe qui présente une égalité parfaite entre tous les points de sa surface, ils sont également forts partout ; partout leur résistance est la même. Dans le fort de la mêlée et d'un désordre apparent, ils savent garder un ordre que rien ne saurait interrompre, ils font naître la force du sein même de la faiblesse, ils font sortir le courage et la valeur du milieu de la poltronnerie et de la pusillanimité.

Mais savoir garder un ordre merveilleux au milieu même du désordre, cela ne se peut sans avoir fait auparavant de profondes réflexions sur tous les événements qui peuvent arriver.

Faire naître la force du sein même de la faiblesse, cela n'appartient qu'à ceux qui ont une puissance absolue et une autorité sans bornes (par le mot de puissance il ne faut pas entendre ici domination, mais cette faculté qui fait qu'on peut réduire en acte tout ce qu'on se propose). Savoir faire sortir le courage et la valeur du milieu de la poltronnerie et de la pusillanimité, c'est être héros soi-même, c'est être plus que héros, c'est être au-dessus des plus intrépides.

Un commandant habile recherche la victoire dans la situation et ne l'exige pas de ses subordonnés.

Quelque grand, quelque merveilleux que tout cela paraisse, j'exige cependant quelque chose de plus encore de ceux qui gouvernent les troupes : c'est l'art de faire mouvoir à son gré les ennemis. Ceux qui le possèdent, cet art admirable, disposent de la contenance de leurs gens et de l'armée qu'ils commandent, de telle sorte qu'ils font venir l'ennemi toutes les fois qu'ils le jugent à propos ; ils savent faire des libéralités quand il convient, ils en font même à ceux qu'ils veulent vaincre : ils donnent à l'ennemi et l'ennemi reçoit, ils lui abandonnent et il vient prendre. Ils sont prêts à tout ; ils profitent de toutes les circonstances ; toujours méfiants ils font surveiller les subordonnés qu'ils emploient et, se méfiant d'eux-mêmes, ils ne négligent aucun moyen qui puisse leur être utile.

Ils regardent les hommes, contre lesquels ils doivent combattre, comme des pierres ou des pièces de bois qu'ils seraient chargés de faire rouler de haut en bas.

La pierre et le bois n'ont aucun mouvement de leur nature ; s'ils sont une fois en repos, ils n'en sortent pas d'eux-mêmes, mais ils suivent le mouvement qu'on leur imprime ; s'ils sont carrés, ils s'arrêtent d'abord

; s'ils sont ronds, ils roulent jusqu'à ce qu'ils trouvent une résistance plus forte que la force qui leur était imprimée.

Faites en sorte que l'ennemi soit entre vos mains comme une pierre de figure ronde, que vous auriez à faire rouler d'une montagne qui aurait mille toises de haut : la force qui lui est imprimée est minime, les résultats sont énormes. C'est en cela qu'on reconnaîtra que vous avez de la puissance et de l'autorité.

## Article VI – Du plein et du vide

Sun Tzu dit : Une des choses les plus essentielles que vous ayez à faire avant le combat, c'est de bien choisir le lieu de votre campement. Pour cela il faut user de diligence, il ne faut pas se laisser prévenir par l'ennemi, il faut être campé avant qu'il ait eu le temps de vous reconnaître, avant même qu'il ait pu être instruit de votre marche. La moindre négligence en ce genre peut être pour vous de la dernière conséquence. En général, il n'y a que du désavantage à camper après les autres.

Celui qui est capable de faire venir l'ennemi de sa propre initiative le fait en lui offrant quelque avantage ; et celui qui est désireux de l'en empêcher le fait en le blessant.

Celui qui est chargé de la conduite d'une armée, ne doit point se fier à d'autres pour un choix de cette importance ; il doit faire quelque chose de plus encore. S'il est véritablement habile, il pourra disposer à son gré du campement même et de toutes les marches de son ennemi. Un grand général n'attend pas qu'on le fasse aller, il sait faire venir. Si vous faites en sorte que l'ennemi cherche à se rendre de son plein gré dans les lieux où vous souhaitez précisément qu'il aille, faites en sorte aussi de lui aplanir toutes les difficultés et de lever tous les obstacles qu'il pourrait rencontrer ; de crainte qu'alarmé par les impossibilités qu'il suppute, où les inconvénients trop manifestes qu'il découvre, il renonce à son dessein. Vous en serez pour votre travail et pour vos peines, peut-être même pour quelque chose de plus.

La grande science est de lui faire vouloir tout ce que vous voulez qu'il fasse, et de lui fournir, sans qu'il s'en aperçoive, tous les moyens de vous seconder.

Après que vous aurez ainsi disposé du lieu de votre campement et de celui de l'ennemi lui-même, attendez tranquillement que votre adversaire fasse les premières démarches ; mais en attendant, tâchez de l'affamer au milieu de l'abondance, de lui procurer du tracas dans le sein du repos, et de lui susciter mille terreurs dans le temps même de sa plus grande sécurité.

Si, après avoir longtemps attendu, vous ne voyez pas que l'ennemi se dispose à sortir de son camp, sortez vous-même du vôtre ; par votre mouvement provoquez le sien, donnez-lui de fréquentes alarmes, faites-lui naître l'occasion de faire quelque imprudence dont vous puissiez tirer du profit.

S'il s'agit de garder, gardez avec force : ne vous endormez point. S'il s'agit d'aller, allez promptement, allez sûrement par des chemins qui ne soient connus que de vous.

Rendez-vous dans des lieux où l'ennemi ne puisse pas soupçonner que vous ayez dessein d'aller. Sortez tout à coup d'où il ne vous attend pas, et tombez sur lui lorsqu'il y pensera le moins.

Pour être certain de prendre ce que vous attaquez, il faut donner l'assaut là où il ne se protège pas ; pour être certain de garder ce que vous défendez, il faut défendre un endroit que l'ennemi n'attaque pas.

Si après avoir marché assez longtemps, si par vos marches et contre-marches vous avez parcouru l'espace de mille lieues sans que vous ayez reçu encore aucun dommage, sans même que vous ayez été arrêté, concluez : ou que l'ennemi ignore vos desseins, ou qu'il a peur de vous, ou qu'il ne fait pas garder les postes qui peuvent être de conséquence pour lui. Évitez de tomber dans un pareil défaut.

Le grand art d'un général est de faire en sorte que l'ennemi ignore toujours le lieu où il aura à combattre, et de lui dérober avec soin la connaissance des postes qu'il fait garder. S'il en vient à bout, et qu'il puisse cacher de même jusqu'aux moindres de ses démarches, ce n'est pas seulement un habile général, c'est un homme extraordinaire, c'est un prodige. Sans être vu, il voit ; il entend, sans être entendu ; il agit sans bruit et dispose comme il lui plaît du sort de ses ennemis.

De plus, si, les armées étant déployées, vous n'apercevez pas qu'il y ait un certain vide qui puisse vous favoriser, ne tentez pas d'enfoncer les bataillons ennemis. Si, lorsqu'ils prennent la fuite, ou qu'ils retournent sur leurs pas, ils usent d'une extrême diligence et marchent en bon ordre, ne tentez pas de les poursuivre ; ou, si vous les poursuivez, que ce ne soit jamais ni trop loin, ni dans les pays inconnus. Si, lorsque vous avez dessein de livrer la bataille, les ennemis restent dans leurs retranchements, n'allez pas les y attaquer, surtout s'ils sont bien retranchés, s'ils ont de larges fossés et des murailles élevées qui les couvrent. Si, au contraire, croyant qu'il n'est pas à propos de livrer le combat, vous voulez l'éviter, tenez-vous dans vos retranchements, et disposez-vous à soutenir l'attaque et à faire quelques sorties utiles.

Laissez fatiguer les ennemis, attendez qu'ils soient ou en désordre ou dans une très grande sécurité ; vous pourrez sortir alors et fondre sur eux avec avantage. Ayez constamment une extrême attention à ne jamais séparer les différents corps de vos armées. Faites qu'ils puissent toujours se soutenir aisément les uns les autres ; au contraire, faites faire à l'ennemi le plus de diversion qu'il se pourra. S'il se partage en dix corps, attaquez chacun d'eux séparément avec votre armée toute entière ; c'est le véritable moyen de combattre toujours avec avantage. De cette sorte, quelque petite que soit votre armée, le grand nombre sera toujours de votre côté.

Que l'ennemi ne sache jamais comment vous avez l'intention de le combattre, ni la manière dont vous vous disposez à l'attaquer, ou à vous défendre. Car, s'il se prépare au front, ses arrières seront faibles ; s'il se prépare à l'arrière, son front sera fragile ; s'il se prépare à sa gauche, sa droite sera vulnérable ; s'il se prépare à sa droite, sa gauche sera affaiblie ; et s'il se prépare en tous lieux, il sera partout en défaut. S'il l'ignore absolument, il fera de grands préparatifs, il tâchera de se rendre fort de tous les côtés, il divisera ses forces, et c'est justement ce qui fera sa perte.

Pour vous, n'en faites pas de même : que vos principales forces soient toutes du même côté ; si vous voulez attaquer de front, faites choix d'un secteur, et mettez à la tête de vos troupes tout ce que vous avez de meilleur. On résiste rarement à un premier effort, comme, au contraire, on se relève difficilement quand on d'abord du dessous. L'exemple des braves suffit pour encourager les plus lâches. Ceux-ci suivent sans peine le chemin qu'on leur montre, mais ils ne sauraient eux-mêmes le frayer. Si vous voulez faire donner l'aile gauche, tournez tous vos préparatifs de ce côté-là, et mettez à l'aile droite ce que vous avez de plus faible ; mais si vous voulez vaincre par l'aile droite, que ce soit à l'aile droite aussi que soient vos meilleures troupes et toute votre attention.

Celui qui dispose de peu d'hommes doit se préparer contre l'ennemi, celui qui en a beaucoup doit faire en sorte que l'ennemi se prépare contre lui.

Ce n'est pas tout. Comme il est essentiel que vous connaissiez à fond le lieu où vous devez combattre, il n'est pas moins important que vous soyez instruit du jour, de l'heure, du moment même du combat ; c'est une affaire de calcul sur laquelle il ne faut pas vous négliger. Si l'ennemi est loin de vous, sachez, jour par jour, le chemin qu'il fait, suivez-le pas à pas, quoique en apparence vous restiez immobile dans votre camp ; voyez tout ce qu'il fait, quoique vos yeux ne puissent pas aller jusqu'à lui ; écoutez tous les discours, quoique vous soyez hors de portée de l'entendre ; soyez témoin de toute sa conduite, entrez même dans le fond de son cœur pour y lire ses craintes ou ses espérances.

Pleinement instruit de tous ses desseins, de toutes ses marches, de toutes ses actions, vous le ferez venir chaque jour précisément où vous voulez qu'il arrive. En ce cas, vous l'obligerez à camper de manière que le front de son armée ne puisse pas recevoir du secours de ceux qui sont à la queue, que l'aile droite ne puisse pas aider l'aile gauche, et vous le combattrez ainsi dans le lieu et au temps qui vous conviendront le plus.

Avant le jour déterminé pour le combat, ne soyez ni trop loin ni trop près de l'ennemi. L'espace de quelques lieues seulement est le terme qui doit vous en approcher le plus, et dix lieues entières sont le plus grand espace que vous deviez laisser entre votre armée et la sienne.

Ne cherchez pas à avoir une armée trop nombreuse, la trop grande quantité de monde est souvent plus nuisible qu'elle n'est utile. Une petite armée bien disciplinée est invincible sous un bon général. À quoi servaient au roi d'Yue les belles et nombreuses cohortes qu'il avait sur pied, lorsqu'il était en guerre contre le roi de Ou ? Celui-ci, avec peu de troupes, avec une poignée de monde, le vainquit, le dompta, et ne lui laissa, de tous ses États, qu'un souvenir amer, et la honte éternelle de les avoir si mal gouvernés.

Je dis que la victoire peut être créée ; même si l'ennemi est en nombre, je peux l'empêcher d'engager le combat ; car, s'il ignore ma situation militaire, je peux faire en sorte qu'il se préoccupe de sa propre préparation : ainsi je lui ôte le loisir d'établir les plans pour me battre.

I. Détermine les plans de l'ennemi et tu sauras quelle stratégie sera couronnée de succès et celle qui ne le sera pas.

II. Perturbe-le et fais-lui dévoiler son ordre de bataille.

III. Détermine ses dispositions et fais-lui découvrir son champ de bataille.

IV. Mets-le à l'épreuve et apprends où sa force est abondante et où elle est déficiente.

V. La suprême tactique consiste à disposer ses troupes sans forme apparente ; alors les espions les plus pénétrants ne peuvent fureter et les sages ne peuvent établir des plans contre vous.

VI. C'est selon les formes que j'établis des plans pour la victoire, mais la multitude ne le comprend guère. Bien que tous puissent voir les aspects extérieurs, personne ne peut comprendre la voie selon laquelle j'ai créé la victoire.

VII. Et quand j'ai remporté une bataille, je ne répète pas ma tactique, mais je réponds aux circonstances selon une variété infinie de voies.

Cependant si vous n'aviez qu'une petite armée, n'allez pas mal à propos vouloir vous mesurer avec une armée nombreuse ; vous avez bien des précautions à prendre avant que d'en venir là. Quand on a les connaissances dont j'ai parlé plus haut, on sait s'il faut attaquer, ou se tenir simplement sur la défensive ; on sait quand il faut rester tranquille, et quand il est temps de se mettre en mouvement ; et si l'on est forcé de combattre, on sait si l'on sera vainqueur ou vaincu. À voir simplement la contenance des ennemis, on peut conclure sa victoire ou sa défaite, sa perte ou son salut. Encore une fois, si vous voulez attaquer le premier, ne le faites pas avant d'avoir examiné si vous avez tout ce qu'il faut pour réussir.

Au moment de déclencher votre action, lisez dans les premiers regards de vos soldats ; soyez attentif à leurs premiers mouvements ; et par leur ardeur ou leur nonchalance, par leur crainte ou leur intrépidité, concluez au succès ou à la défaite. Ce n'est point un présage trompeur que celui de la première contenance d'une armée prête à livrer le combat. Il en est telle qui ayant remporté la plus signalée victoire aurait été entièrement défaite si la bataille s'était livrée un jour plus tôt, ou quelques heures plus tard.

Il en doit être des troupes à peu près comme d'une eau courante. De même que l'eau qui coule évite les hauteurs et se hâte vers le pays plat, de même une armée évite la force et frappe la faiblesse.

Si la source est élevée, la rivière ou le ruisseau coulent rapidement. Si la source est presque de niveau, on s'aperçoit à peine de quelque mouvement. S'il se trouve quelque vide, l'eau le remplit d'elle-même dès qu'elle trouve la moindre issue qui la favorise. S'il y a des endroits trop pleins, l'eau cherche naturellement à se décharger ailleurs.

Pour vous, si, en parcourant les rangs de votre armée, vous voyez qu'il y a du vide, il faut le remplir ; si vous trouvez du surabondant, il faut le diminuer ; si vous apercevez du trop haut, il faut l'abaisser ; s'il y du trop bas, il faut le relever.

L'eau, dans son cours, suit la situation du terrain dans lequel elle coule ; de même, votre armée doit s'adapter au terrain sur lequel elle se meut. L'eau qui n'a point de pente ne saurait couler ; des troupes qui ne sont pas bien conduites ne sauraient vaincre.

Le général habile tirera parti des circonstances même les plus dangereuses et les plus critiques. Il saura faire prendre la forme qu'il voudra, non seulement à l'armée qu'il commande mais encore à celle des ennemis.

Les troupes, quelles qu'elles puissent être, n'ont pas des qualités constantes qui les rendent invincibles ; les plus mauvais soldats peuvent changer en bien et devenir d'excellents guerriers.

Conduisez-vous conformément à ce principe ; ne laissez échapper aucune occasion, lorsque vous la trouverez favorable. Les cinq éléments ne sont pas partout ni toujours également purs ; les quatre saisons ne se succèdent pas de la même manière chaque année ; le lever et le coucher du soleil ne sont pas constamment au même point de l'horizon. Parmi les jours, certains sont longs, d'autres courts. La lune croît et décroît et n'est pas toujours également brillante. Une armée bien conduite et bien disciplinée imite à propos toutes ces variétés.

# Article VII – De l'affrontement direct et indirect

Sun Tzu dit : Après que le général aura reçu du souverain l'ordre de tenir la campagne, il rassemble les troupes et mobilise le peuple ; il fait de l'armée un ensemble harmonieux. Maintenant il doit mettre son attention à leur procurer des campements avantageux, car c'est de là principalement que dépend la réussite de ses projets et de toutes ses entreprises. Cette affaire n'est pas d'une exécution aussi facile qu'on pourrait bien se l'imaginer ; les difficultés s'y rencontrent souvent sans nombre, et de toutes espèces ; il ne faut rien oublier pour les aplanir et pour les vaincre.

Les troupes une fois campées, il faut tourner ses vues du côté du près et du loin, des avantages et des pertes, du travail et du repos, de la diligence et de la lenteur ; c'est-à-dire qu'il faut rendre près ce qui est loin, tirer profit de ses pertes même, substituer un utile travail à un honteux repos, convertir la lenteur en diligence ; il faut que vous soyez près lorsque l'ennemi vous croit bien loin ; que vous ayez un avantage réel lorsque l'ennemi croit vous avoir occasionné quelques pertes ; que vous soyez occupé de quelque utile travail lorsqu'il vous croit enseveli dans le repos, et que vous usiez de toute sorte de diligence lorsqu'il ne croit apercevoir dans vous que de la lenteur : c'est ainsi qu'en lui donnant le change, vous l'endormirez lui-même pour pouvoir l'attaquer lorsqu'il y pensera le moins, et sans qu'il ait le temps de se reconnaître.

L'art de profiter du près et du loin consiste à tenir l'ennemi éloigné du lieu que vous aurez choisi pour votre campement, et de tous les postes qui vous paraîtront de quelque conséquence. Il consiste à éloigner de l'ennemi tout ce qui pourrait lui être avantageux, et à rapprocher de vous tout ce dont vous pourrez tirer quelque avantage. Il consiste ensuite à vous tenir continuellement sur vos gardes pour n'être pas surpris, et à veiller sans cesse pour épier le moment de surprendre votre adversaire.

Ainsi prenez une voie indirecte et divertissez l'ennemi en lui présentant le leurre [**3**] ; de cette façon vous pouvez vous mettre en route après lui, et arriver avant lui. Celui qui est capable de faire cela comprend l'approche directe et indirecte.

De plus : ne vous engagez jamais dans de petites actions que vous ne soyez sûr qu'elles tourneront à votre avantage, et encore ne le faites point si vous n'y êtes comme forcé, mais surtout gardez-vous bien de vous engager à une action générale si vous n'êtes comme assuré d'une victoire complète. Il est très dangereux d'avoir de la précipitation dans des cas semblables ; une bataille risquée mal à propos peut vous perdre entièrement : le moins qu'il puisse vous arriver, si l'événement en est douteux, ou que vous ne réussissiez qu'à demi, c'est de vous voir frustré de la plus grande partie de vos espérances, et de ne pouvoir parvenir à vos fins.

Avant que d'en venir à un combat définitif, il faut que vous l'ayez prévu, et que vous y soyez préparé depuis longtemps ; ne comptez jamais sur le hasard dans tout ce que vous ferez en ce genre. Après que vous aurez résolu de livrer la bataille, et que les préparatifs en seront déjà faits, laissez en lieu de sûreté tout le bagage inutile, faites dépouiller vos gens de tout ce qui pourrait les embarrasser ou les surcharger ; de leurs armes mêmes, ne leur laissez que celles qu'ils peuvent porter aisément.

Veillez, lorsque vous abandonnez votre camp dans l'espoir d'un avantage probable, à ce que celui-ci soit supérieur aux approvisionnements que vous abandonnez sûrement.

Si vous devez aller un peu loin, marchez jour et nuit ; faites le double du chemin ordinaire ; que l'élite de vos troupes soit à la tête ; mettez les plus faibles à la queue.

Prévoyez tout, disposez tout, et fondez sur l'ennemi lorsqu'il vous croit encore à cent lieues d'éloignement : dans ce cas, je vous annonce la victoire.

Mais si ayant à faire cent lieues de chemin avant que de pouvoir l'atteindre, vous n'en faites de votre côté que cinquante, et que l'ennemi s'étant avancé en fait autant ; de dix parties, il y en a cinq que vous serez vaincu, comme de trois parties il y en a deux que vous serez vainqueur. Si l'ennemi n'apprend que vous allez à lui que lorsqu'il ne vous reste plus que trente lieues à faire pour pouvoir le joindre, il est difficile que, dans le peu de temps qui lui reste, il puisse pourvoir à tout et se préparer à vous recevoir.

Sous prétexte de faire reposer vos gens, gardez-vous bien de manquer l'attaque, dès que vous serez arrivé. Un ennemi surpris est à demi vaincu ; il n'en est pas de même s'il a le temps de se reconnaître ; bientôt, il peut trouver des ressources pour vous échapper, et peut-être même pour vous perdre.

Ne négligez rien de tout ce qui peut contribuer au bon ordre, à la santé, à la sûreté de vos gens tant qu'ils seront sous votre conduite ; ayez grand soin que les armes de vos soldats soient toujours en bon état. Faites en sorte que les vivres soient sains, et ne leur manquent jamais ; ayez attention à ce que les provisions soient abondantes, et rassemblées à temps, car si vos troupes sont mal armées, s'il y a disette de vivres dans le camp, et si vous n'avez pas d'avance toutes les provisions nécessaires, il est difficile que vous puissiez réussir.

N'oubliez pas d'entretenir des intelligences secrètes avec les ministres étrangers, et soyez toujours instruit des desseins que peuvent avoir les princes alliés ou tributaires, des intentions bonnes ou mauvaises de ceux qui peuvent influer sur la conduite du maître que vous servez, et vous attirer vos ordres ou des défenses qui pourraient traverser vos projets et rendre par là tous vos soins inutiles.

Votre prudence et votre valeur ne sauraient tenir longtemps contre leurs cabales ou leurs mauvais conseils. Pour obvier à cet inconvénient, consultez-les dans certaines occasions, comme si vous aviez besoin de leurs lumières : que tous leurs amis soient les vôtres ; ne soyez jamais divisé d'intérêt avec eux, cédez-leur dans les petites choses, en un mot entretenez l'union la plus étroite qu'il vous sera possible.

Ayez une connaissance exacte et de détail de tout ce qui vous environne ; sachez où il y a une forêt, un petit bois, une rivière, un ruisseau, un terrain aride et pierreux, un lieu marécageux et malsain, une montagne, une colline, une petite élévation, un vallon, un précipice, un défilé, un champ ouvert, enfin tout ce qui peut servir ou nuire aux troupes que vous commandez. S'il arrive que vous soyez hors d'état de pouvoir être instruit par vous-même de l'avantage ou du désavantage du terrain, ayez des guides locaux sur lesquels vous puissiez compter sûrement.

La force militaire est réglée sur sa relation au semblant.

Déplacez-vous quand vous êtes à votre avantage, et créez des changements de situation en dispersant et concentrant les forces.

Dans les occasions où il s'agira d'être tranquille, qu'il règne dans votre camp une tranquillité semblable à celle qui règne au milieu des plus épaisses forêts. Lorsque, au contraire, il s'agira de faire des mouvements et du bruit, imitez le fracas du tonnerre ; s'il faut être ferme dans votre poste, soyez-y immobile comme une montagne ; s'il faut sortir pour aller au pillage, ayez l'activité du feu ; s'il faut éblouir l'ennemi, soyez comme un éclair ; s'il faut cacher vos desseins, soyez obscur comme les ténèbres. Gardez-vous sur toutes choses de faire jamais aucune sortie en vain. Lorsque vous ferez tant que d'envoyer quelque détachement, que ce soit toujours dans l'espérance, ou, pour mieux dire, dans la certitude d'un avantage réel. Pour éviter les mécontentements, faites toujours une exacte et juste répartition de tout ce que vous aurez enlevé à l'ennemi.

Celui qui connaît l'art de l'approche directe et indirecte sera victorieux. Voilà l'art de l'affrontement.

À tout ce que je viens de dire, il faut ajouter la manière de donner vos ordres et de les faire exécuter. Il est des occasions et des campements où la plupart de vos gens ne sauraient ni vous voir ni vous entendre ; les tambours, les étendards et les drapeaux peuvent suppléer à votre voix et à votre présence. Instruisez vos troupes de tous les signaux que vous pouvez employer. Si vous avez à faire des évolutions pendant la nuit, faites exécuter des ordres au bruit d'un grand nombre de tambours. Si, au contraire, c'est pendant le jour qu'il faut que vous agissiez, employez les drapeaux et les étendards pour faire savoir vos volontés.

Le fracas d'un grand nombre de tambours servira pendant la nuit autant à jeter l'épouvante parmi vos ennemis qu'à ranimer le courage de vos soldats : l'éclat d'un grand nombre d'étendards, la multitude de leurs évolutions, la diversité de leurs couleurs, et la bizarrerie de leur assemblage, en instruisant vos gens, les tiendront toujours en haleine pendant le jour, les occuperont et leur réjouiront le cœur, en jetant le trouble et la perplexité dans celui de vos ennemis.

Ainsi, outre l'avantage que vous aurez de faire savoir promptement toutes vos volontés à votre armée entière dans le même moment, vous aurez encore celui de lasser votre ennemi, en le rendant attentif à tout ce qu'il croit que vous voulez entreprendre, de lui faire naître des doutes continuels sur la conduite que vous devez tenir, et de lui inspirer d'éternelles frayeurs.

Si quelque brave veut sortir seul hors des rangs pour aller provoquer l'ennemi, ne le permettez point ; il arrive rarement qu'un tel homme puisse revenir. Il périt pour l'ordinaire, ou par la trahison, ou accablé par le grand nombre.

Lorsque vous verrez vos troupes bien disposées, ne manquez pas de profiter de leur ardeur : c'est à l'habileté du général à faire naître les occasions et à distinguer lorsqu'elles sont favorables ; mais il ne doit pas négliger pour cela de prendre l'avis des officiers généraux, ni de profiter de leurs lumières, surtout si elles ont le bien commun pour objet.

On peut voler à une armée son esprit et lui dérober son adresse, de même que le courage de son commandant.

Au petit matin, les esprits sont pénétrants ; durant la journée, ils s'alanguissent, et le soir, ils rentrent à la maison.

Mei Yao-tchen dit que matin, journée et soir représentent les phases d'une longue campagne.

Lors donc que vous voudrez attaquer l'ennemi, choisissez, pour le faire avec avantage, le temps où les soldats sont censés devoir être faibles ou fatigués. Vous aurez pris auparavant vos précautions, et vos troupes reposées et fraîches auront de leur côté l'avantage de la force et de la vigueur. Tel est le contrôle du facteur moral.

Si vous voyez que l'ordre règne dans les rangs ennemis, attendez qu'il soit interrompu, et que vous aperceviez quelque désordre. Si leur trop grande proximité vous offusque ou vous gêne, éloignez-vous afin de vous placer dans des dispositions plus sereines. Tel est le contrôle du facteur mental.

Si vous voyez qu'ils ont de l'ardeur, attendez qu'elle se ralentisse et qu'ils soient accablés sous le poids de l'ennui ou de la fatigue. Tel est le contrôle du facteur physique.

S'ils se sauvent sur des lieux élevés, ne les y poursuivez point ; si vous êtes vous-même dans des lieux peu favorables, ne soyez pas longtemps sans changer de situation. N'engagez pas le combat lorsque l'ennemi déploie ses bannières bien rangées et de formations en rang impressionnant ; voilà le contrôle des facteurs de changement des circonstances.

Si, réduits au désespoir, ils viennent pour vaincre ou pour périr, évitez leur rencontre.

À un ennemi encerclé vous devez laisser une voie de sortie.

Si les ennemis réduits à l'extrémité abandonnent leur camp et veulent se frayer un chemin pour aller camper ailleurs, ne les arrêtez pas.

S'ils sont agiles et lestes, ne courez pas après eux ; s'ils manquent de tout, prévenez leur désespoir.

Ne vous acharnez pas sur un ennemi aux abois.

Voilà à peu près ce que j'avais à vous dire sur les différents avantages que vous devez tâcher de vous procurer lorsque à la tête d'une armée vous aurez à vous mesurer avec des ennemis qui, peut-être aussi prudents et aussi vaillants que vous, ne pourraient être vaincus, si vous n'usez de votre part des petits stratagèmes dont je viens de parler.

## Article VIII – Des neuf changements

Sun Tzu dit : Ordinairement l'emploi des armées relève du commandant en chef, après que le souverain l'a mandaté pour mobiliser le peuple et assembler l'armée.

I. Si vous êtes dans des lieux marécageux, dans les lieux où il y a à craindre les inondations, dans les lieux couverts d'épaisses forêts ou de montagnes escarpées, dans des lieux déserts et arides, dans des lieux où il n'y a que des rivières et des ruisseaux, dans des lieux enfin d'où vous ne puissiez aisément tirer du secours, et où vous ne seriez appuyé d'aucune façon, tâchez d'en sortir le plus promptement qu'il vous sera possible. Allez chercher quelque endroit spacieux et vaste où vos troupes puissent s'étendre, d'où elles puissent sortir aisément, et où vos alliés puissent sans peine vous porter les secours dont vous pourriez avoir besoin.

II. Évitez, avec une extrême attention, de camper dans des lieux isolés ; ou si la nécessité vous y force, n'y restez qu'autant de temps qu'il en faut pour en sortir. Prenez sur-le-champ des mesures efficaces pour le faire en sûreté et en bon ordre.

III. Si vous vous trouvez dans des lieux éloignés des sources, des ruisseaux et des puits, où vous ne trouviez pas aisément des vivres et du fourrage, ne tardez pas de vous en tirer. Avant que de décamper, voyez si le lieu que vous choisissez est à l'abri par quelque montagne au moyen de laquelle vous soyez à couvert des surprises de l'ennemi, si vous pouvez en sortir aisément, et si vous y avez les commodités nécessaires pour vous procurer les vivres et les autres provisions ; s'il est tel, n'hésitez point à vous en emparer.

IV. Si vous êtes dans un lieu de mort, cherchez l'occasion de combattre. J'appelle lieu de mort ces sortes d'endroits où l'on a aucune ressource, où l'on dépérit insensiblement par l'intempérie de l'air, où les provisions se consument peu à peu sans espérance d'en pouvoir faire de nouvelles ; où les maladies, commençant à se mettre dans l'armée, semblent devoir y faire bientôt de grands ravages. Si vous vous trouvez dans de telles circonstances, hâtez-vous de livrer quelque combat. Je vous réponds que vos troupes n'oublieront rien pour bien se battre. Mourir de la main des ennemis leur paraîtra quelque chose de bien doux au prix de tous les maux qu'ils voient prêts à fondre sur eux et à les accabler.

V. Si, par hasard ou par votre faute, votre armée se rencontrait dans des lieux plein de défilés, où l'on pourrait aisément vous tendre des embûches, d'où il ne serait pas aisé de vous sauver en cas de poursuite, où l'on pourrait vous couper les vivres et les chemins, gardez-vous bien d'y attaquer l'ennemi ; mais si l'ennemi vous y attaque, combattez jusqu'à la mort. Ne vous contentez pas de quelque petit avantage ou d'une demi victoire ; ce pourrait être une amorce pour vous défaire entièrement. Soyez même sur vos gardes, après que vous aurez eu toutes les apparences d'une victoire complète.

VI. Quand vous saurez qu'une ville, quelque petite qu'elle soit, est bien fortifiée et abondamment pourvue de munitions de guerre et de bouche, gardez-vous bien d'en aller faire le siège ; et si vous n'êtes instruit de l'état où elle se trouve qu'après que le siège en aura été ouvert, ne vous obstinez pas à vouloir le continuer, vous courrez le risque de voir toutes vos forces échouer contre cette place, que vous serez enfin contraint d'abandonner honteusement.

VII. Ne négligez pas de courir après un petit avantage lorsque vous pourrez vous le procurer sûrement et sans aucune perte de votre part. Plusieurs de ces petits avantages qu'on pourrait acquérir et qu'on néglige occasionnent souvent de grandes pertes et des dommages irréparables.

VIII. Avant de songer à vous procurer quelque avantage, comparez-le avec le travail, la peine, les dépenses et les pertes d'hommes et de munitions qu'il pourra vous occasionner. Sachez à peu près si vous pourrez le conserver aisément ; après cela, vous vous déterminerez à le prendre ou à le laisser suivant les lois d'une saine prudence.

IX. Dans les occasions où il faudra prendre promptement son parti, n'allez pas vouloir attendre les ordres du prince. S'il est des cas où il faille agir contre des ordres reçus, n'hésitez pas, agissez sans crainte. La première et principale intention de celui qui vous met à la tête de ses troupes est que vous soyez vainqueur des ennemis. S'il avait prévu la circonstance où vous vous trouvez, il vous aurait dicté lui-même la conduite que vous voulez tenir.

Voilà ce que j'appelle les neuf changements ou les neuf circonstances principales qui doivent vous engager à changer la contenance ou la position de votre armée, à changer de situation, à aller ou à revenir, à attaquer ou à vous défendre, à agir ou à vous tenir en repos. Un bon général ne doit jamais dire : Quoi qu'il arrive, je ferai telle chose, j'irai là, j'attaquerai l'ennemi, j'assiégerai telle place. La circonstance seule doit le déterminer ; il ne doit pas s'en tenir à un système général, ni à une manière unique de gouverner. Chaque jour, chaque occasion, chaque circonstance demande une application particulière des mêmes principes. Les principes sont bons en eux-mêmes ; mais l'application qu'on en fait les rend souvent mauvais.

Un grand général doit savoir l'art des changements. S'il s'en tient à une connaissance vague de certains principes, à une application routinière des règles de l'art, si ses méthodes de commandement sont dépourvues de souplesse, s'il examine les situations conformément à quelques schémas, s'il prend ses résolutions d'une manière mécanique, il ne mérite pas de commander.

Un général est un homme qui, par le rang qu'il occupe, se trouve au-dessus d'une multitude d'autres hommes ; il faut par conséquent qu'il sache gouverner les hommes ; il faut qu'il sache les conduire ; il faut qu'il soit véritablement au-dessus d'eux, non pas seulement par sa dignité, mais par son esprit, par son savoir, par sa capacité, par sa conduite, par sa fermeté, par son courage et par ses vertus. Il faut qu'il sache distinguer les vrais d'avec les faux avantages, les véritables pertes d'avec ce qui n'en a que l'apparence ; qu'il sache compenser l'un par l'autre et tirer parti de tout. Il faut qu'il sache employer à propos certains artifices pour tromper l'ennemi, et qu'il se tienne sans cesse sur ses gardes pour n'être pas trompé lui-même. Il ne doit ignorer aucun des pièges qu'on peut lui tendre, il doit pénétrer tous les artifices de l'ennemi, de quelque nature qu'ils puissent être, mais il ne doit pas pour cela vouloir deviner. Tenez-vous sur vos gardes, voyez-le venir, éclairez ses démarches et toute sa conduite, et concluez. Vous courriez autrement le risque de vous tromper et d'être la dupe ou la triste victime de vos conjectures précipitées.

Si vous voulez n'être jamais effrayé par la multitude de vos travaux et de vos peines, attendez-vous toujours à tout ce qu'il y aura de plus dur et de plus pénible. Travaillez sans cesse à susciter des peines à l'ennemi. Vous pourrez le faire de plus d'une façon, mais voici ce qu'il y a d'essentiel en ce genre.

N'oubliez rien pour lui débaucher ce qu'il y aura de mieux dans son parti : offres, présents, caresses, que rien ne soit omis. Trompez même s'il le faut : engagez les gens d'honneur qui sont chez lui à des actions honteuses et indignes de leur réputation, à des actions dont ils aient lieu de rougir quand elles seront sues, et ne manquez pas de les faire divulguer.

Entretenez des liaisons secrètes avec ce qu'il y a de plus vicieux chez les ennemis ; servez-vous-en pour aller à vos fins, en leur joignant d'autres vicieux.

Traversez leur gouvernement, semez la dissension parmi leurs chefs, fournissez des sujets de colère aux uns contre les autres, faites-les murmurer contre leurs officiers, ameutez les officiers subalternes contre leurs supérieurs, faites en sorte qu'ils manquent de vivres et de munitions, répandez parmi eux quelques airs d'une musique voluptueuse qui leur amollisse le cœur, envoyez-leur des femmes pour achever de les corrompre, tâchez qu'ils sortent lorsqu'il faudra qu'ils soient dans leur camp, et qu'ils soient tranquilles dans leur camp lorsqu'il faudrait qu'ils tinssent la campagne ; faites leur donner sans cesse de fausses alarmes et de faux avis ; engagez dans vos intérêts les gouverneurs de leurs provinces ; voilà à peu près ce que vous devez faire, si vous voulez tromper par l'adresse et par la ruse.

Ceux des généraux qui brillaient parmi nos Anciens étaient des hommes sages, prévoyants, intrépides et durs au travail. Ils avaient toujours leurs sabres pendus à leurs côtés, ils ne présumaient jamais que l'ennemi ne viendrait pas, ils étaient toujours prêts à tout événement, ils se rendaient invincibles et, s'ils rencontraient l'ennemi, ils n'avaient pas besoin d'attendre du secours pour se mesurer avec lui. Les troupes qu'ils commandaient étaient bien disciplinées, et toujours disposées à faire un coup de main au premier signal qu'ils leur en donnaient.

Chez eux la lecture et l'étude précédaient la guerre et les y préparaient. Ils gardaient avec soin leurs frontières, et ne manquaient pas de bien fortifier leurs villes. Ils n'allaient pas contre l'ennemi, lorsqu'ils étaient instruits qu'il avait fait tous ses préparatifs pour les bien recevoir ; ils l'attaquaient par ses endroits faibles, et dans le temps de sa paresse et de son oisiveté.

Avant que de finir cet article, je dois vous prévenir contre cinq sortes de dangers, d'autant plus à redouter qu'ils paraissent moins à craindre, écueils funestes contre lesquels la prudence et la bravoure ont échoué plus d'une fois.

I. Le premier est une trop grande ardeur à affronter la mort ; ardeur téméraire qu'on honore souvent des beaux noms de courage, d'intrépidité et de valeur, mais qui, au fond, ne mérite guère que celui de lâcheté. Un général qui s'expose sans nécessité, comme le ferait un simple soldat, qui semble chercher les dangers et la mort, qui combat et qui fait combattre jusqu'à la dernière extrémité, est un homme qui mérite de mourir. C'est un homme sans tête, qui ne saurait trouver aucune ressource pour se tirer d'un mauvais pas ; c'est un lâche qui ne saurait souffrir le moindre échec sans en être consterné, et qui se croit perdu si tout ne lui réussit.

II. Le deuxième est une trop grande attention à conserver ses jours. On se croit nécessaire à l'armée entière ; on n'aurait garde de s'exposer ; on n'oserait pour cette raison se pourvoir de vivres chez l'ennemi ; tout fait ombrage, tout fait peur ; on est toujours en suspens, on ne se détermine à rien, on attend une occasion plus favorable, on perd celle qui se présente, on ne fait aucun mouvement ; mais l'ennemi, qui est toujours attentif, profite de tout, et fait bientôt perdre toute espérance à un général ainsi prudent. Il l'enveloppera, il lui coupera les vivres et le fera périr par le trop grand amour qu'il avait de conserver sa vie.

III. Le troisième est une colère précipitée. Un général qui ne sait pas se modérer, qui n'est pas maître de lui-même, et qui se laisse aller aux premiers mouvements d'indignation ou de colère, ne saurait manquer d'être la dupe des ennemis. Ils le provoqueront, ils lui tendront mille pièges que sa fureur l'empêchera de reconnaître, et dans lesquels il donnera infailliblement.

IV. Le quatrième est un point d'honneur mal entendu. Un général ne doit pas se piquer mal à propos, ni hors de raison ; il doit savoir dissimuler ; il ne doit point se décourager après quelque mauvais succès, ni croire que tout est perdu parce qu'il aura fait quelque faute ou qu'il aura reçu quelque échec. Pour vouloir réparer son honneur légèrement blessé, on le perd quelquefois sans ressources.

V. Le cinquième, enfin, est une trop grande complaisance ou une compassion trop tendre pour le soldat. Un général qui n'ose punir, qui ferme les yeux sur le désordre, qui craint que les siens ne soient toujours accablés sous le poids du travail, et qui n'oserait pour cette raison leur en imposer, est un général propre à tout perdre. Ceux d'un rang inférieur doivent avoir des peines ; il faut toujours avoir quelque occupation à leur donner ; il faut qu'ils aient toujours quelque chose à souffrir. Si vous voulez tirer parti de leur service, faites en sorte qu'ils ne soient jamais oisifs.

Punissez avec sévérité, mais sans trop de rigueur. Procurez des peines et du travail, mais jusqu'à un certain point.

Un général doit se prémunir contre tous ces dangers. Sans trop chercher à vivre ou à mourir, il doit se conduire avec valeur et avec prudence, suivant que les circonstances l'exigent.

S'il a de justes raisons de se mettre en colère, qu'il le fasse, mais que ce ne soit pas en tigre qui ne connaît aucun frein.

S'il croit que son honneur est blessé, et qu'il veuille le réparer, que ce soit en suivant les règles de la sagesse, et non pas les caprices d'une mauvaise honte.

Qu'il aime ses soldats, qu'il les ménage, mais que ce soit avec discrétion.

S'il livre des batailles, s'il fait des mouvements dans son camp, s'il assiège des villes, s'il fait des excursions, qu'il joigne la ruse à la valeur, la sagesse à la force des armes ; qu'il répare tranquillement ses fautes lorsqu'il aura eu le malheur d'en faire ; qu'il profite de toutes celles de son ennemi, et qu'il le mette souvent dans l'occasion d'en faire de nouvelles.

# Article IX – De la distribution des moyens

Sun Tzu dit : Avant que de faire camper vos troupes, sachez dans quelle position sont les ennemis, mettez-vous au fait du terrain et choisissez ce qu'il y aura de plus avantageux pour vous. On peut réduire à quatre points principaux ces différentes situations.

I. Si vous êtes dans le voisinage de quelque montagne, gardez-vous bien de vous emparer de la partie qui regarde le nord ; occupez au contraire le côté du midi : cet avantage n'est pas d'une petite conséquence. Depuis le penchant de la montagne, étendez-vous en sûreté jusque bien avant dans les vallons ; vous y trouverez de l'eau et du fourrage en abondance ; vous y serez égayé par la vue du soleil, réchauffé par ses rayons, et l'air que vous y respirerez sera tout autrement salubre que celui que vous respireriez de l'autre côté. Si les ennemis viennent par derrière la montagne dans le dessein de vous surprendre, instruit par ceux que vous aurez placé sur la cime, vous vous retirerez à loisir, si vous ne vous croyez pas en état de leur faire tête ; ou vous les attendrez de pied ferme pour les combattre si vous jugez que vous puissiez être vainqueur sans trop risquer. Cependant ne combattez sur les hauteurs que lorsque la nécessité vous y engagera, surtout n'y allez jamais chercher l'ennemi.

II. Si vous êtes auprès de quelque rivière, approchez-vous le plus que vous pourrez de sa source ; tâchez d'en connaître tous les bas-fonds et tous les endroits qu'on peut passer à gué. Si vous avez à la passer, ne le faites jamais en présence de l'ennemi ; mais si les ennemis, plus hardis, ou moins prudents que vous, veulent en hasarder le passage, ne les attaquez point que la moitié de leurs gens ne soit de l'autre côté ; vous combattrez alors avec tout l'avantage de deux contre un. Près des rivières mêmes tenez toujours les hauteurs, afin de pouvoir découvrir au loin ; n'attendez pas l'ennemi près des bords, n'allez pas au-devant de lui ; soyez toujours sur vos gardes de peur qu'étant surpris vous n'ayez pas un lieu pour vous retirer en cas de malheur.

III. Si vous êtes dans des lieux glissants, humides, marécageux et malsains, sortez-en le plus vite que vous pourrez ; vous ne sauriez vous y arrêter sans être exposé aux plus grands inconvénients ; la disette des vivres et les maladies viendraient bientôt vous y assiéger. Si vous êtes contraint d'y rester, tâchez d'en occuper les bords ; gardez-vous bien d'aller trop avant.

S'il y a des forêts aux environs, laissez-les derrière vous.

IV. Si vous êtes en plaine dans des lieux unis et secs, ayez toujours votre gauche à découvert ; ménagez derrière vous quelque élévation d'où vos gens puissent découvrir au loin. Quand le devant de votre camp ne vous présentera que des objets de mort, ayez soin que les lieux qui sont derrière puissent vous offrir des secours contre l'extrême nécessité.

Tels sont les avantages des différents campements ; avantages précieux, d'où dépend la plus grande partie des succès militaires. C'est en particulier parce qu'il possédait à fond l'art des campements que l'Empereur Jaune triompha de ses ennemis et soumit à ses lois tous les princes voisins de ses États

Il faut conclure de tout ce que je viens de dire que les hauteurs sont en général plus salutaires aux troupes que les lieux bas et profonds. Dans les lieux élevés mêmes, il y a un choix à faire : c'est de camper toujours du côté du midi, parce que c'est là qu'on trouve l'abondance et la fertilité. Un campement de cette nature est un avant-coureur de la victoire. Le contentement et la santé, qui sont la suite ordinaire d'une bonne nourriture prise sous un ciel pur, donnent du courage et de la force au soldat, tandis que la tristesse, le mécontentement et les maladies l'épuisent, l'énervent, le rendent pusillanime et le découragent entièrement.

Il faut conclure encore que les campements près des rivières ont leurs avantages qu'il ne faut pas négliger, et leurs inconvénients qu'il faut tâcher d'éviter avec un grand soin. Je ne saurais trop vous le répéter, tenez le haut de la rivière, laissez-en le courant aux ennemis. Outre que les gués sont beaucoup plus fréquents vers la source, les eaux en sont plus pures et plus salubres.

Lorsque les pluies auront formé quelque torrent, ou qu'elles auront grossi le fleuve ou la rivière dont vous occupez les bords, attendez quelque temps avant que de vous mettre en marche ; surtout ne vous hasardez pas à passer de l'autre côté, attendez pour le faire que les eaux aient repris la tranquillité de leur cours ordinaire. Vous en aurez des preuves certaines si vous n'entendez plus un certain bruit sourd, qui tient plus du frémissement que du murmure, si vous ne voyez plus d'écume surnager, et si la terre ou le sable ne coulent plus avec l'eau.

Pour ce qui est des défilés et des lieux entrecoupés par des précipices et par des rochers, des lieux marécageux et glissants, des lieux étroits et couverts, lorsque la nécessité ou le hasard vous y aura conduit, tirez-vous-en le plus tôt qu'il vous sera possible, éloignez-vous-en le plus tôt que vous pourrez. Si vous en êtes loin, l'ennemi en sera près. Si vous fuyez, l'ennemi poursuivra et tombera peut-être dans les dangers que vous venez d'éviter.

Vous devez encore être extrêmement en garde contre une autre espèce de terrain. Il est des lieux couverts de broussailles ou de petits bois ; il en est qui sont pleins de hauts et de bas, où l'on est sans cesse ou sur des collines ou dans des vallons, défiez-vous-en ; soyez dans une attention continuelle. Ces sortes de lieux peuvent être pleins d'embuscades ; l'ennemi peut sortir à chaque instant vous surprendre, tomber sur vous et vous tailler en pièces. Si vous en êtes loin, n'en approchez pas ; si vous en êtes près, ne vous mettez pas en mouvement que vous n'ayez fait reconnaître tous les environs. Si l'ennemi vient vous y attaquer, faites en sorte qu'il ait tout le désavantage du terrain de son côté. Pour vous, ne l'attaquez que lorsque vous le verrez à découvert.

Enfin, quel que soit le lieu de votre campement, bon ou mauvais, il faut que vous en tiriez parti ; n'y soyez jamais oisif, ni sans faire quelque tentative ; éclairez toutes les démarches des ennemis ; ayez des espions de distance en distance, jusqu'au milieu de leur camp, jusque sous la tente de leur général. Ne négligez rien de tout ce qu'on pourra vous rapporter, faites attention à tout.

Si ceux de vos gens que vous avez envoyés à la découverte vous font dire que les arbres sont en mouvement, quoique par un temps calme, concluez que l'ennemi est en marche. Il peut se faire qu'il veuille venir à vous ; disposez toutes choses, préparez-vous à le bien recevoir, allez même au-devant de lui.

Si l'on vous rapporte que les champs sont couverts d'herbes, et que ces herbes sont fort hautes, tenez-vous sans cesse sur vos gardes ; veillez continuellement, de peur de quelque surprise.

Si l'on vous dit qu'on a vu des oiseaux attroupés voler par bandes sans s'arrêter, soyez en défiance ; on vient vous espionner ou vous tendre des pièges ; mais si, outre les oiseaux, on voit encore un grand nombre de quadrupèdes courir la campagne, comme s'ils n'avaient point de gîte, c'est une marque que les ennemis sont aux aguets.

Si l'on vous rapporte qu'on aperçoit au loin des tourbillons de poussière s'élever dans les airs, concluez que les ennemis sont en marche. Dans les endroits où la poussière est basse et épaisse sont les gens de pied ; dans les endroits où elle est moins épaisse et plus élevée sont la cavalerie et les chars.

Si l'on vous avertit que les ennemis sont dispersés et ne marchent que par pelotons, c'est une marque qu'ils ont eu à traverser quelque bois, qu'ils ont fait des abattis, et qu'ils sont fatigués ; ils cherchent alors à se rassembler.

Si vous apprenez qu'on aperçoit dans les campagnes des gens de pied et des hommes à cheval aller et venir, dispersés çà et là par petites bandes, ne doutez pas que les ennemis ne soient campés.

Tels sont les indices généraux dont vous devez tâcher de profiter, tant pour savoir la position de ceux avec lesquels vous devez vous mesurer que pour faire avorter leurs projets, et vous mettre à couvert de toute surprise de leur part. En voici quelques autres auxquels vous devez une plus particulière attention.

Lorsque ceux de vos espions qui sont près du camp des ennemis vous feront savoir qu'on y parle bas et d'une manière mystérieuse, que ces ennemis sont modestes dans leur façon d'agir et retenus dans tous leurs discours, concluez qu'ils pensent à une action générale, et qu'ils en font déjà les préparatifs : allez à eux sans perdre de temps. Ils veulent vous surprendre, surprenez-les vous-même.

Si vous apprenez au contraire qu'ils sont bruyants, fiers et hautains dans leurs discours, soyez certain qu'ils pensent à la retraite et qu'ils n'ont nullement envie d'en venir aux mains.

Lorsqu'on vous fera savoir qu'on a vu quantité de chars vides précéder leur armée, préparez-vous à combattre, car les ennemis viennent à vous en ordre de bataille.

Gardez-vous bien d'écouter alors les propositions de paix ou d'alliance qu'ils pourraient vous faire, ce ne serait qu'un artifice de leur part.

S'ils font des marches forcées, c'est qu'ils croient courir à la victoire ; s'ils vont et viennent, s'ils avancent en partie et qu'ils reculent autant, c'est qu'ils veulent vous attirer au combat ; si, la plupart du temps, debout et sans rien faire, ils s'appuient sur leurs armes comme sur des bâtons, c'est qu'ils sont aux expédients, qu'ils meurent presque de faim, et qu'ils pensent à se procurer de quoi vivre ; si passant près de quelque rivière, ils courent tous en désordre pour se désaltérer, c'est qu'ils ont souffert de la soif ; si leur ayant présenté l'appât de quelque chose d'utile pour eux, sans cependant qu'ils aient su ou voulu en profiter, c'est qu'ils se défient ou qu'ils ont peur ; s'ils n'ont pas le courage d'avancer, quoiqu'ils soient dans les circonstances où il faille le faire, c'est qu'ils sont dans l'embarras, dans les inquiétudes et les soucis.

Outre ce que je viens de dire, attachez-vous en particulier à savoir tous leurs différents campements. Vous pourrez les connaître au moyen des oiseaux que vous verrez attroupés dans certains endroits. Et si leurs campements ont été fréquents, vous pourrez conclure qu'ils ont peu d'habileté dans la connaissance des lieux. Le vol des oiseaux ou les cris de ceux-ci peuvent vous indiquer la présence d'embuscades invisibles.

Si vous apprenez que, dans le camp des ennemis, il y a des festins continuels, qu'on y boit et qu'on y mange avec fracas, soyez-en bien aise ; c'est une preuve infaillible que leurs généraux n'ont point d'autorité.

Si leurs étendards changent souvent de place, c'est une preuve qu'ils ne savent à quoi se déterminer, et que le désordre règne parmi eux. Si les soldats se groupent continuellement, et chuchotent entre eux, c'est que le général a perdu la confiance de son armée.

L'excès de récompenses et de punitions montre que le commandement est au bout de ses ressources, et dans une grande détresse ; si l'armée va même jusqu'à se saborder et briser ses marmites, c'est la preuve qu'elle est aux abois et qu'elle se battra jusqu'à la mort.

Si leurs officiers subalternes sont inquiets, mécontents et qu'ils se fâchent pour la moindre chose, c'est une preuve qu'ils sont ennuyés ou accablés sous le poids d'une fatigue inutile.

Si dans différents quartiers de leur camp on tue furtivement des chevaux, dont on permette ensuite de manger la chair, c'est une preuve que leurs provisions sont sur la fin.

Telles sont les attentions que vous devez à toutes les démarches que peuvent faire les ennemis. Une telle minutie dans les détails peut vous paraître superflue, mais mon dessein est de vous prévenir sur tout, et de vous convaincre que rien de tout ce qui peut contribuer à vous faire triompher n'est petit. L'expérience me l'a appris, elle vous l'apprendra de même ; je souhaite que ce ne soit pas à vos dépens.

Encore une fois, éclairez toutes les démarches de l'ennemi, quelles qu'elles puissent être ; mais veillez aussi sur vos propres troupes, ayez l'œil à tout, sachez tout, empêchez les vols et les brigandages, la débauche et l'ivrognerie, les mécontentements et les cabales, la paresse et l'oisiveté. Sans qu'il soit nécessaire qu'on vous en instruise, vous pourrez connaître par vous-même ceux de vos gens qui seront dans le cas, et voici comment.

Si quelques-uns de vos soldats, lorsqu'ils changent de poste ou de quartier, ont laissé tomber quelque chose, quoique de petite valeur, et qu'ils n'aient pas voulu se donner la peine de la ramasser ; s'ils ont oublié quelque ustensile dans leur première station, et qu'ils ne le réclament point, concluez que ce sont des voleurs, punissez-les comme tels.

Si dans votre armée on a des entretiens secrets, si l'on y parle souvent à l'oreille ou à voix basse, s'il y a des choses qu'on n'ose dire qu'à demi-mot, concluez que la peur s'est glissée parmi vos gens, que le mécontentement va suivre, et que les cabales ne tarderont pas à se former : hâtez-vous d'y mettre ordre.

Si vos troupes paraissent pauvres, et qu'elles manquent quelquefois d'un certain petit nécessaire ; outre la solde ordinaire, faites-leur distribuer quelque somme d'argent, mais gardez-vous bien d'être trop libéral, l'abondance d'argent est souvent plus funeste qu'elle n'est avantageuse, et plus préjudiciable qu'utile ; par l'abus qu'on en fait, elle est la source de la corruption des cœurs et la mère de tous les vices.

Si vos soldats, d'audacieux qu'ils étaient auparavant, deviennent timides et craintifs, si chez eux la faiblesse a pris la place de la force, la bassesse, celle de la magnanimité, soyez sûr que leur cœur est gâté ; cherchez la cause de leur dépravation et tranchez-la jusqu'à la racine.

Si, sous divers prétextes, quelques-uns vous demandent leur congé, c'est qu'ils n'ont pas envie de combattre, ne les refusez pas tous ; mais, en l'accordant à plusieurs, que ce soit à des conditions honteuses.

S'ils viennent en troupe vous demander justice d'un ton mutin et colère, écoutez leurs raisons, ayez-y égard ; mais, en leur donnant satisfaction d'un côté, punissez-les très sévèrement de l'autre.

Si, lorsque vous aurez fait appeler quelqu'un, il n'obéit pas promptement, s'il est longtemps à se rendre à vos ordres, et si, après que vous aurez fini de lui signifier vos volontés, il ne se retire pas, défiez-vous, soyez sur vos gardes.

En un mot, la conduite des troupes demande des attentions continuelles de la part d'un général. Sans quitter de vue l'armée des ennemis, il faut sans cesse éclairer la vôtre ; sachez lorsque le nombre des ennemis augmentera, soyez informé de la mort ou de la désertion du moindre de vos soldats.

Si l'armée ennemie est inférieure à la vôtre, et si elle n'ose pour cette raison se mesurer à vous, allez l'attaquer sans délai, ne lui donnez pas le temps de se renforcer ; une seule bataille est décisive dans ces occasions. Mais si, sans être au fait de la situation actuelle des ennemis, et sans avoir mis ordre à tout, vous vous avisez de les harceler pour les engager à un combat, vous courez le risque de tomber dans ses pièges, de vous faire battre, et de vous perdre sans ressource.

Si vous ne maintenez une exacte discipline dans votre armée, si vous ne punissez pas exactement jusqu'à la moindre faute, vous ne serez bientôt plus respecté, votre autorité même en souffrira, et les châtiments que vous pourrez employer dans la suite, bien loin d'arrêter les fautes, ne serviront qu'à augmenter le nombre des coupables. Or si vous n'êtes ni craint ni respecté, si vous n'avez qu'une autorité faible, et dont vous ne sauriez vous servir sans danger, comment pourrez-vous être avec honneur à la tête d'une armée ? Comment pourrez-vous vous opposer aux ennemis de État ?

Quand vous aurez à punir, faites-le de bonne heure et à mesure que les fautes l'exigent. Quand vous aurez des ordres à donner, ne les donnez point que vous ne soyez sûr que vous serez exactement obéi. Instruisez vos troupes, mais instruisez-les à propos ; ne les ennuyez point, ne les fatiguez point sans nécessité ; tout ce qu'elles peuvent faire de bon ou de mauvais, de bien ou de mal, est entre vos mains.

Dans la guerre, le grand nombre seul ne confère pas l'avantage ; n'avancez pas en comptant sur la seule puissance militaire. Une armée composée des mêmes hommes peut être très méprisable, quand elle sera commandée par tel général, tandis qu'elle sera invincible commandée par tel autre.

# Article X – De la topologie

Sun Tzu dit : Sur la surface de la terre tous les lieux ne sont pas équivalents ; il y en a que vous devez fuir, et d'autres qui doivent être l'objet de vos recherches ; tous doivent vous être parfaitement connus.

Dans les premiers sont à ranger ceux qui n'offrent que d'étroits passages, qui sont bordés de rochers ou de précipices, qui n'ont pas d'accès facile avec les espaces libres desquels vous pouvez attendre du secours. Si vous êtes le premier à occuper ce terrain, bloquez les passages et attendez l'ennemi ; si l'ennemi est sur place avant vous, ne l'y suivez pas, à moins qu'il n'ait pas fermé complètement les défilés. Ayez-en une connaissance exacte pour ne pas y engager votre armée mal à propos.

Recherchez au contraire un lieu dans lequel il y aurait une montagne assez haute pour vous défendre de toute surprise, où l'on pourrait arriver et d'où l'on pourrait sortir par plusieurs chemins qui vous seraient parfaitement connus, où les vivres seraient en abondance, où les eaux ne sauraient manquer, où l'air serait salubre et le terrain assez uni ; un tel lieu doit faire l'objet de vos plus ardentes recherches. Mais soit que vous vouliez vous emparer de quelque campement avantageux, soit que vous cherchiez à éviter des lieux dangereux ou peu commodes, usez d'une extrême diligence, persuadé que l'ennemi a le même objet que vous.

Si le lieu que vous avez dessein de choisir est autant à la portée des ennemis qu'à la vôtre, si les ennemis peuvent s'y rendre aussi aisément que vous, il s'agit de les devancer. Pour cela, faites des marches pendant la nuit, mais arrêtez-vous au lever du soleil, et, s'il se peut, que ce soit toujours sur quelque éminence, afin de pouvoir découvrir au loin ; attendez alors que vos provisions et tout votre bagage soient arrivés ; si l'ennemi vient à vous, vous l'attendrez de pied ferme, et vous pourrez le combattre avec avantage.

Ne vous engagez jamais dans ces sortes de lieu où l'on peut aller très aisément, mais d'où l'on ne peut sortir qu'avec beaucoup de peine et une extrême difficulté ; si l'ennemi laisse un pareil camp entièrement libre, c'est qu'il cherche à vous leurrer ; gardez-vous bien d'avancer, mais trompez-le en pliant bagage. S'il est assez imprudent pour vous suivre, il sera obligé de traverser ce terrain scabreux. Lorsqu'il y aura engagé la moitié de ses troupes, allez à lui, il ne saurait vous échapper, frappez-le avantageusement et vous le vaincrez sans beaucoup de travail.

Une fois que vous serez campé avec tout l'avantage du terrain, attendez tranquillement que l'ennemi fasse les premières démarches et qu'il se mette en mouvement. S'il vient à vous en ordre de bataille, n'allez au-devant de lui que lorsque vous verrez qu'il lui sera difficile de retourner sur ses pas.

Un ennemi bien préparé pour le combat, et contre qui votre attaque a échoué, est dangereux : ne revenez pas à une seconde charge, retirez-vous dans votre camp, si vous le pouvez, et n'en sortez pas que vous ne voyiez clairement que vous le pouvez sans danger. Vous devez vous attendre que l'ennemi fera jouer bien des ressorts pour vous attirer : rendez inutiles tous les artifices qu'il pourrait employer.

Si votre rival vous a prévenu, et qu'il ait pris son camp dans le lieu où vous auriez dû prendre le vôtre, c'est-à-dire dans le lieu le plus avantageux, ne vous amusez point à vouloir l'en déloger en employant les stratagèmes communs ; vous travailleriez inutilement. Si la distance entre vous et lui est assez considérable et que les deux armées sont à peu près égales, il ne tombera pas aisément dans les pièges que vous lui tendrez pour l'attirer au combat : ne perdez pas votre temps inutilement, vous réussirez mieux d'un autre côté.

Ayez pour principe que votre ennemi cherche ses avantages avec autant d'empressement que vous pouvez chercher les vôtres : employez toute votre industrie à lui donner le change de ce côté-là ; mais surtout ne le prenez pas vous-même. Pour cela, n'oubliez jamais qu'on peut tromper ou être trompé de bien des façons. Je ne vous en rappellerai que six principales, parce qu'elles sont les sources d'où dérivent toutes les autres.

La première consiste dans la marche des troupes

La deuxième, dans leurs différents arrangements.

La troisième, dans leur position dans des lieux bourbeux.

La quatrième, dans leur désordre.

La cinquième, dans leur dépérissement.

Et la sixième, dans leur fuite.

Un général qui recevrait quelque échec, faute de ces connaissances, aurait tort d'accuser le Ciel de son malheur ; il doit se l'attribuer tout entier.

Si celui qui est à la tête des armées néglige de s'instruire à fond de tout ce qui a rapport aux troupes qu'il doit mener au combat et à celles qu'il doit combattre ; s'il ne connaît pas exactement le terrain où il est actuellement, celui où il doit se rendre, celui où l'on peut se retirer en cas de malheur, celui où l'on peut feindre d'aller sans avoir d'autre envie que celle d'y attirer l'ennemi, et celui où il peut être forcé de s'arrêter, lorsqu'il n'aura pas lieu de s'y attendre ; s'il fait mouvoir son armée hors de propos ; s'il n'est pas instruit de tous les mouvements de l'armée ennemie et des desseins qu'elle peut avoir dans la conduite qu'elle tient ; s'il divise ses troupes sans nécessité, ou sans y être comme forcé par la nature du lieu où il se trouve, ou sans avoir prévu tous les inconvénients qui pourraient en résulter, ou sans une certitude de quelque avantage réel de cette dispersion ; s'il souffre que le désordre s'insinue peu à peu dans son armée, ou si, sur des indices incertains, il se persuade trop aisément que le désordre règne dans l'armée ennemie, et qu'il agisse en conséquence ; si son armée dépérit insensiblement, sans qu'il se mette en devoir d'y apporter un prompt remède ; un tel général ne peut être que la dupe des ennemis, qui lui donneront le change par des fuites étudiées, par des marches feintes, et par un total de conduite dont il ne saurait manquer d'être la victime.

Les maximes suivantes doivent vous servir de règles pour toutes vos actions.

Si votre armée et celle de l'ennemi sont à peu près en nombre égal et d'égale force, il faut que des dix parties des avantages du terrain vous en ayez neuf pour vous ; mettez toute votre application, employez tous vos efforts et toute votre industrie pour vous les procurer. Si vous les possédez, votre ennemi se trouvera réduit à n'oser se montrer devant vous et à prendre la fuite dès que vous paraîtrez ; ou s'il est assez imprudent pour vouloir en venir à un combat, vous le combattrez avec l'avantage de dix contre un. Le contraire arrivera si, par négligence ou faute d'habileté, vous lui avez laissé le temps et les occasions de se procurer ce que vous n'avez pas.

Dans quelque position que vous puissiez être, si pendant que vos soldats sont forts et pleins de valeur, vos officiers sont faibles et lâches, votre armée ne saurait manquer d'avoir le dessous ; si, au contraire, la force et la valeur se trouve uniquement renfermées dans les officiers, tandis que la faiblesse et la lâcheté domineront dans le cœur des soldats, votre armée sera bientôt en déroute ; car les soldats pleins de courage et de valeur ne voudront pas se déshonorer ; ils ne voudront jamais que ce que des officiers lâches et timides ne sauraient leur accorder, de même des officiers vaillants et intrépides seront à coup sûr mal obéis par des soldats timides et poltrons.

Si les officiers généraux sont faciles à s'enflammer, et s'ils ne savent ni dissimuler ni mettre un frein à leur colère, quel qu'en puisse être le sujet, ils s'engageront d'eux-mêmes dans des actions ou de petits combats dont ils ne se tireront pas avec honneur, parce qu'ils les auront commencés avec précipitation, et qu'ils n'en auront pas prévu les inconvénients et toutes les suites ; il arrivera même qu'ils agiront contre l'intention expresse du général, sous divers prétextes qu'ils tâcheront de rendre plausibles ; et d'une action particulière commencée étourdiment et contre toutes les règles, on en viendra à un combat général, dont tout l'avantage sera du côté de l'ennemi. Veillez sur de tels officiers, ne les éloignez jamais de vos côtés ; quelques grandes qualités qu'ils puissent avoir d'ailleurs, ils vous causeraient de grands préjudices, peut-être même la perte de votre armée entière.

Si un général est pusillanime, il n'aura pas les sentiments d'honneur qui conviennent à une personne de son rang, il manquera du talent essentiel de donner de l'ardeur aux troupes ; il ralentira leur courage dans le temps qu'il faudrait le ranimer ; il ne saura ni les instruire ni les dresser à propos ; il ne croira jamais devoir compter sur les lumières, la valeur et l'habileté des officiers qui lui sont soumis, les officiers eux-mêmes ne sauront à quoi s'en tenir ; il fera faire mille fausses démarches à ses troupes, qu'il voudra disposer tantôt d'une façon et tantôt d'une autre, sans suivre aucun système, sans aucune méthode ; il hésitera sur tout, il ne se décidera sur rien, partout il ne verra que des sujets de crainte ; et alors le désordre, et un désordre général, régnera dans son armée.

Si un général ignore le fort et le faible de l'ennemi contre lequel il a à combattre, s'il n'est pas instruit à fond, tant des lieux qu'il occupe actuellement que de ceux qu'il peut occuper suivant les différents événements, il lui arrivera d'opposer à ce qu'il y a de plus fort dans l'armée ennemie ce qu'il y a de plus faible dans la sienne, à envoyer ses troupes faibles et aguerries contre les troupes fortes, ou contre celles qui n'ont aucune considération chez l'ennemi, à ne pas choisir des troupes d'élite pour son avant-garde, à faire attaquer par où il ne faudrait pas le faire, à laisser périr, faute de secours, ceux des siens qui se trouveraient hors d'état de résister, à se défendre mal à propos dans un mauvais poste, à céder légèrement un poste de la dernière importance ; dans ces sortes d'occasions il comptera sur quelque avantage imaginaire qui ne sera qu'un effet de la politique de l'ennemi, ou bien il perdra courage après un échec qui ne devrait être compté pour rien. Il se trouvera poursuivi sans s'y être attendu, il se trouvera enveloppé. On le combattra vivement, heureux alors s'il peut trouver son salut dans la fuite. C'est pourquoi, pour en revenir au sujet qui fait la matière de cet article, un bon général doit connaître tous les lieux qui sont ou qui peuvent être le théâtre de la guerre, aussi distinctement qu'il connaît tous les coins et recoins des cours et des jardins de sa propre maison.

J'ajoute dans cet article qu'une connaissance exacte du terrain est ce qu'il y a de plus essentiel parmi les matériaux qu'on peut employer pour un édifice aussi important à la tranquillité et à la gloire de État Ainsi un homme, que la naissance où les événements semblent destiner à la dignité de général, doit employer tous ses soins et faire tous ses efforts pour se rendre habile dans cette partie de l'art des guerriers.

Avec une connaissance exacte du terrain, un général peut se tirer d'affaire dans les circonstances les plus critiques. Il peut se procurer les secours qui lui manquent, il peut empêcher ceux qu'on envoie à l'ennemi ; il peut avancer, reculer et régler toutes ses démarches comme il le jugera à propos ; il peut disposer des marches de son ennemi et faire à son gré qu'il avance ou qu'il recule ; il peut le harceler sans crainte d'être surpris lui-même ; il peut l'incommoder de mille manières, et parer de son côté à tous les dommages qu'on voudrait lui causer. Calculer les distances et les degrés de difficulté du terrain, c'est contrôler la victoire. Celui qui combat avec la pleine connaissance de ces facteurs est certain de gagner ; il peut enfin finir ou prolonger la campagne, selon qu'il le jugera plus expédient pour sa gloire ou pour ses intérêts.

Vous pouvez compter sur une victoire certaine si vous connaissez tous les tours et tous les détours, tous les hauts et les bas, tous les allants et les aboutissants de tous les lieux que les deux armées peuvent occuper, depuis les plus près jusqu'à ceux qui sont les plus éloignés, parce qu'avec cette connaissance vous saurez quelle forme il sera plus à propos de donner aux différents corps de vos troupes, vous saurez sûrement quand il sera à propos de combattre ou lorsqu'il faudra différer la bataille, vous saurez interpréter la volonté du souverain suivant les circonstances, quels que puissent être les ordres que vous en aurez reçus ; vous le servirez véritablement en suivant vos lumières présentes, vous ne contracterez aucune tache qui puisse souiller votre réputation, et vous ne serez point exposé à périr ignominieusement pour avoir obéi.

Un général malheureux est toujours un général coupable.

Servir votre prince, faire l'avantage de État et le bonheur des peuples, c'est ce que vous devez avoir en vue ; remplissez ce triple objet, vous avez atteint le but.

Dans quelque espèce de terrain que vous soyez, vous devez regarder vos troupes comme des enfants qui ignorent tout et qui ne sauraient faire un pas ; il faut qu'elles soient conduites ; vous devez les regarder, dis-je, comme vos propres enfants ; il faut les conduire vous-même. Ainsi, s'il s'agit d'affronter les hasards, que vos gens ne les affrontent pas seuls, et qu'ils ne les affrontent qu'à votre suite. S'il s'agit de mourir, qu'ils meurent, mais mourez avec eux.

Je dis que vous devez aimer tous ceux qui sont sous votre conduite comme vous aimeriez vos propres enfants. Il ne faut pas cependant en faire des enfants gâtés ; ils seraient tels, si vous ne les corrigiez pas lorsqu'ils méritent de l'être, si, quoique plein d'attention, d'égards et de tendresse pour eux, vous ne pouviez pas les gouverner, ils se montreraient insoumis et peu empressés à répondre à vos désirs.

Dans quelque espèce de terrain que vous soyez, si vous êtes au fait de tout ce qui le concerne, si vous savez même par quel endroit il faut attaquer l'ennemi, mais si vous ignorez s'il est actuellement en état de défense ou non, s'il est disposé à vous bien recevoir, et s'il a fait les préparatifs nécessaires à tout événement, vos chances de victoire sont réduites de moitié.

Quoique vous ayez une pleine connaissance de tous les lieux, que vous sachiez même que les ennemis peuvent être attaqués, et par quel côté ils doivent l'être, si vous n'avez pas des indices certains que vos propres troupes peuvent attaquer avec avantage, j'ose vous le dire, vos chances de victoire sont réduites de moitié.

Si vous êtes au fait de l'état actuel des deux armées, si vous savez en même temps que vos troupes sont en état d'attaquer avec avantage, et que celles de l'ennemi leur sont inférieures en force et en nombre, mais si vous ne connaissez pas tous les coins et recoins des lieux circonvoisins, vous ne saurez s'il est invulnérable à l'attaque ; je vous l'assure, vos chances de victoire sont réduites de moitié.

Ceux qui sont véritablement habiles dans l'art militaire font toutes leurs marches sans désavantage, tous leurs mouvements sans désordre, toutes leurs attaques à coup sûr, toutes leurs défenses sans surprise, leurs campements avec choix, leurs retraites par système et avec méthode ; ils connaissent leurs propres forces, ils savent quelles sont celles de l'ennemi, ils sont instruits de tout ce qui concerne les lieux.

Donc je dis : Connais toi toi-même, connais ton ennemi, ta victoire ne sera jamais mise en danger. Connais le terrain, connais ton temps, ta victoire sera alors totale.

# Article XI – Des neufs sortes de terrain

Sun Tzu dit : Il y a neuf sortes de lieux qui peuvent être à l'avantage ou au détriment de l'une ou de l'autre armée. **1**° Des lieux de division ou de dispersion. **2**° Des lieux légers. **3**° Des lieux qui peuvent être disputés. **4**° Des lieux de réunion. **5**° Des lieux pleins et unis. **6**° Des lieux à plusieurs issues. **7**° Des lieux graves et importants. **8**° Des lieux gâtés ou détruits. **9**° Des lieux de mort.

I. J'appelle lieux de division ou de dispersion ceux qui sont près des frontières dans nos possessions. Des troupes qui se tiendraient longtemps sans nécessité au voisinage de leurs foyers sont composées d'hommes qui ont plus envie de perpétuer leur race que de s'exposer à la mort. À la première nouvelle qui se répandra de l'approche des ennemis, ou de quelque prochaine bataille, le général ne saura quel parti prendre, ni à quoi se déterminer, quand il verra ce grand appareil militaire se dissiper et s'évanouir comme un nuage poussé par les vents.

II. J'appelle lieux légers ou de légèreté ceux qui sont près des frontières, mais pénètrent par une brèche sur les terres des ennemis. Ces sortes de lieux n'ont rien qui puisse fixer. On peut regarder sans cesse derrière soi, et le retour étant trop aisé, il fait naître le désir de l'entreprendre à la première occasion : l'inconstance et le caprice trouvent infailliblement de quoi se contenter.

III. Les lieux qui sont à la bienséance des deux armées, où l'ennemi peut trouver son avantage aussi bien que nous pouvons trouver le nôtre, où l'on peut faire un campement dont la position, indépendamment de son utilité propre, peut nuire au parti opposé, et traverser quelques-unes de ses vues ; ces sortes de lieux peuvent être disputés, ils doivent même l'être. Ce sont là des terrains clés.

IV. Par les lieux de réunion, j'entends ceux où nous ne pouvons guère manquer de nous rendre et dans lesquels l'ennemi ne saurait presque manquer de se rendre aussi, ceux encore où l'ennemi, aussi à portée de ses frontières que vous l'êtes des vôtres, trouverait, ainsi que vous, sa sûreté en cas de malheur, ou les occasions de suivre sa bonne fortune, s'il avait d'abord du succès. Ce sont là des lieux qui permettent d'entrer en communication avec l'armée ennemie, ainsi que les zones de repli.

V. Les lieux que j'appelle simplement pleins et unis sont ceux qui, par leur configuration et leurs dimensions, permettent leur utilisation par les deux armées, mais, parce qu'ils sont au plus profond du territoire ennemi, ne doivent pas vous inciter à livrer bataille, à moins que la nécessité ne vous y contraigne, ou que vous n'y soyez forcé par l'ennemi, qui ne vous laisserait aucun moyen de pouvoir l'éviter.

VI. Les lieux à plusieurs issues, dont je veux parler ici, sont ceux en particulier qui permettent la jonction entre les différents États qui les entourent. Ces lieux forment le nœud des différents secours que peuvent apporter les princes voisins à celle des deux parties qu'il leur plaira de favoriser.

VII. Les lieux que je nomme graves et importants sont ceux qui, placés dans les États ennemis, présentent de tous côtés des villes, des forteresses, des montagnes, des défilés, des eaux, des ponts à passer, des campagnes arides à traverser, ou telle autre chose de cette nature.

VIII. Les lieux où tout serait à l'étroit, où une partie de l'armée ne serait pas à portée de voir l'autre ni de la secourir, où il y aurait des lacs, des marais, des torrents ou quelque mauvaise rivière, où l'on ne saurait marcher qu'avec de grandes fatigues et beaucoup d'embarras, où l'on ne pourrait aller que par pelotons, sont ceux que j'appelle gâtés ou détruits.

IX. Enfin, par des lieux de mort, j'entends tous ceux où l'on se trouve tellement réduit que, quelque parti que l'on prenne, on est toujours en danger ; j'entends des lieux dans lesquels, si l'on combat, on court évidemment le risque d'être battu, dans lesquels, si l'on reste tranquille, on se voit sur le point de périr de faim, de misère ou de maladie ; des lieux, en un mot, où l'on ne saurait rester et où l'on ne peut survivre que très difficilement en combattant avec le courage du désespoir.

Telles sont les neuf sortes de terrain dont j'avais à vous parler ; apprenez à les connaître, pour vous en défier ou pour en tirer parti.

Lorsque vous ne serez encore que dans des lieux de division, contenez bien vos troupes ; mais surtout ne livrez jamais de bataille, quelque favorables que les circonstances puissent vous paraître. La vue de leur pays et la facilité du retour occasionneraient bien des lâchetés : bientôt les campagnes seraient couvertes de fuyards.

Si vous êtes dans des lieux légers, n'y établissez point votre camp. Votre armée ne s'étant point encore saisie d'aucune ville, d'aucune forteresse, ni d'aucun poste important dans les possessions des ennemis, n'ayant derrière soi aucune digue qui puisse l'arrêter, voyant des difficultés, des peines et des embarras pour aller plus avant, il n'est pas douteux qu'elle ne soit tentée de préférer ce qui lui paraît le plus aisé à ce qui lui semblera difficile et plein de dangers.

Si vous avez reconnu de ces sortes de lieux qui vous paraissent devoir être disputés, commencez par vous en emparer : ne donnez pas à l'ennemi le temps de se reconnaître, employez toute votre diligence, que les formations ne se séparent pas, faites tous vos efforts pour vous en mettre dans une entière possession ; mais ne livrez point de combat pour en chasser l'ennemi. S'il vous a prévenu, usez de finesse pour l'en déloger, mais si vous y êtes une fois, n'en délogez pas.

Pour ce qui est des lieux de réunion, tâchez de vous y rendre avant l'ennemi ; faites en sorte que vous ayez une communication libre de tous les côtés ; que vos chevaux, vos chariots et tout votre bagage puissent aller et venir sans danger. N'oubliez rien de tout ce qui est en votre pouvoir pour vous assurer de la bonne volonté des peuples voisins, recherchez-la, demandez-la, achetez-la, obtenez-la à quelque prix que ce soit, elle vous est nécessaire ; et ce n'est guère que par ce moyen que votre armée peut avoir tout ce dont elle aura besoin. Si tout abonde de votre côté, il y a grande apparence que la disette régnera du côté de l'ennemi.

Dans les lieux pleins et unis, étendez-vous à l'aise, donnez-vous du large, faites des retranchements pour vous mettre à couvert de toute surprise, et attendez tranquillement que le temps et les circonstances vous ouvrent les voies pour faire quelque grande action.

Si vous êtes à portée de ces sortes de lieux qui ont plusieurs issues, où l'on peut se rendre par plusieurs chemins, commencez par les bien connaître ; alliez-vous aux États voisins, que rien n'échappe à vos recherches ; emparez-vous de toutes les avenues, n'en négligez aucune, quelque peu importante qu'elle vous paraisse, et gardez-les toutes très soigneusement.

Si vous vous trouvez dans des lieux graves et importants, rendez-vous maître de tout ce qui vous environne, ne laissez rien derrière vous, le plus petit poste doit être emporté ; sans cette précaution vous courriez le risque de manquer des vivres nécessaires à l'entretien de votre armée, ou de vous voir l'ennemi sur les bras lorsque vous y penseriez le moins, et d'être attaqué par plusieurs côtés à la fois.

Si vous êtes dans des lieux gâtés ou détruits, n'allez pas plus avant, retournez sur vos pas, fuyez le plus promptement qu'il vous sera possible.

Si vous êtes dans des lieux de mort, n'hésitez point à combattre, allez droit à l'ennemi, le plus tôt est le meilleur.

Telle est la conduite que tenaient nos anciens guerriers. Ces grands hommes, habiles et expérimentés dans leur art, avaient pour principe que la manière d'attaquer et de se défendre ne devait pas être invariablement la même, qu'elle devait être prise de la nature du terrain que l'on se occupait et de la position où l'on se trouvait. Ils disaient encore que la tête et la queue d'une armée ne devaient pas être commandées de la même façon, qu'il fallait combattre la tête et enfoncer la queue ; que la multitude et le petit nombre ne pouvaient pas être longtemps d'accord ; que les forts et les faibles, lorsqu'ils étaient ensemble, ne tardaient guère à se désunir ; que les hauts et les bas ne pouvaient être également utiles ; que les troupes étroitement unies pouvaient aisément se diviser, mais que celles qui étaient une fois divisées ne se réunissaient que très difficilement. Ils répétaient sans cesse qu'une armée ne devait jamais se mettre en mouvement qu'elle ne fût sûre de quelque avantage réel, et que, lorsqu'il n'y avait rien à gagner, il fallait se tenir tranquille et garder le camp.

En résumé, je vous dirai que toute votre conduite militaire doit être réglée suivant les circonstances ; que vous devez attaquer ou vous défendre selon que le théâtre de la guerre sera chez vous ou chez l'ennemi.

Si la guerre se fait dans votre propre pays, et si l'ennemi, sans vous avoir donné le temps de faire tous vos préparatifs, s'apprêtant à vous attaquer, vient avec une armée bien ordonnée pour l'envahir ou le démembrer, ou y faire des dégâts, ramassez promptement le plus de troupes que vous pourrez, envoyez demander du secours chez les voisins et chez les alliés, emparez-vous de quelques lieux qu'il chérit, et il se fera conforme à vos désirs, mettez-les en état de défense, ne fût-ce que pour gagner du temps ; la rapidité est la sève de la guerre.

Voyagez par les routes sur lesquelles il ne peut vous attendre ; mettez une partie de vos soins à empêcher que l'armée ennemie ne puisse recevoir des vivres, barrez-lui tous les chemins, ou du moins faites qu'elle n'en puisse trouver aucun sans embuscades, ou sans qu'elle soit obligée de l'emporter de vive force.

Les paysans peuvent en cela vous être d'un grand secours et vous servir mieux que vos propres troupes : faites-leur entendre seulement qu'ils doivent empêcher que d'injustes ravisseurs ne viennent s'emparer de toutes leurs possessions et ne leur enlèvent leur père, leur mère, leur femme et leurs enfants.

Ne vous tenez pas seulement sur la défensive, envoyez des partisans pour enlever des convois, harcelez, fatiguez, attaquez tantôt d'un côté, tantôt de l'autre ; forcez votre injuste agresseur à se repentir de sa témérité ; contraignez-le de retourner sur ses pas, n'emportant pour tout butin que la honte de n'avoir pu réussir.

Si vous faites la guerre dans le pays ennemi, ne divisez vos troupes que très rarement, ou mieux encore, ne les divisez jamais ; qu'elles soient toujours réunies et en état de se secourir mutuellement ; ayez soin qu'elles ne soient jamais que dans des lieux fertiles et abondants.

Si elles venaient à souffrir de la faim, la misère et les maladies feraient bientôt plus de ravage parmi elles que ne le pourrait faire dans plusieurs années le fer de l'ennemi.

Procurez-vous pacifiquement tous les secours dont vous aurez besoin ; n'employez la force que lorsque les autres voies auront été inutiles ; faites en sorte que les habitants des villages et de la campagne puissent trouver leurs intérêts à venir d'eux-mêmes vous offrir leurs denrées ; mais, je le répète, que vos troupes ne soient jamais divisées.

Tout le reste étant égal, on est plus fort de moitié lorsqu'on combat chez soi.

Si vous combattez chez l'ennemi, ayez égard à cette maxime, surtout si vous êtes un peu avant dans ses États : conduisez alors votre armée entière ; faites toutes vos opérations militaires dans le plus grand secret, je veux dire qu'il faut empêcher qu'aucun ne puisse pénétrer vos desseins : il suffit qu'on sache ce que vous voulez faire quand le temps de l'exécuter sera arrivé.

Il peut arriver que vous soyez réduit quelquefois à ne savoir où aller, ni de quel côté vous tourner ; dans ce cas ne précipitez rien, attendez tout du temps et des circonstances, soyez inébranlable dans le lieu où vous êtes.

Il peut arriver encore que vous vous trouviez engagé mal à propos ; gardez-vous bien alors de prendre la fuite, elle causerait votre perte ; périssez plutôt que de reculer, vous périrez au moins glorieusement ; cependant, faites bonne contenance. Votre armée, accoutumée à ignorer vos desseins, ignorera pareillement le péril qui la menace ; elle croira que vous avez eu vos raisons, et combattra avec autant d'ordre et de valeur que si vous l'aviez disposée depuis longtemps à la bataille.

Si dans ces sortes d'occasions vous triomphez, vos soldats redoubleront de force, de courage et de valeur ; votre réputation s'accroît dans la proportion même du risque que vous avez couru. Votre armée se croira invincible sous un chef tel que vous.

Quelque critiques que puissent être la situation et les circonstances où vous vous trouvez, ne désespérez de rien ; c'est dans les occasions où tout est à craindre qu'il ne faut rien craindre ; c'est lorsqu'on est environné de tous les dangers qu'il n'en faut redouter aucun ; c'est lorsqu'on est sans aucune ressource qu'il faut compter sur toutes ; c'est lorsqu'on est surpris qu'il faut surprendre l'ennemi lui-même.

Instruisez tellement vos troupes qu'elles puissent se trouver prêtes sans préparatifs, qu'elles trouvent de grands avantages là où elles n'en ont cherché aucun, que sans aucun ordre particulier de votre part, elles improvisent les dispositions à prendre, que sans défense expresse elles s'interdisent d'elles-mêmes tout ce qui est contre la discipline.

Veillez en particulier avec une extrême attention à ce qu'on ne sème pas de faux bruits, coupez racine aux plaintes et aux murmures, ne permettez pas qu'on tire des augures sinistres de tout ce qui peut arriver d'extraordinaire.

Si les devins ou les astrologues de l'armée ont prédit le bonheur, tenez-vous-en à leur décision ; s'ils parlent avec obscurité, interprétez en bien ; s'ils hésitent, ou qu'ils ne disent pas des choses avantageuses, ne les écoutez pas, faites-les taire.

Aimez vos troupes, et procurez-leur tous les secours, tous les avantages, toutes les commodités dont elles peuvent avoir besoin. Si elles essuient de rudes fatigues, ce n'est pas qu'elles s'y plaisent ; si elles endurent la faim, ce n'est pas qu'elles ne se soucient pas de manger ; si elles s'exposent à la mort, ce n'est point qu'elles n'aiment pas la vie. Si mes officiers n'ont pas un surcroît de richesses, ce n'est pas parce qu'ils dédaignent les biens de ce monde. Faites en vous-même de sérieuses réflexions sur tout cela.

Lorsque vous aurez tout disposé dans votre armée et que tous vos ordres auront été donnés, s'il arrive que vos troupes nonchalamment assises donnent des marques de tristesse, si elles vont jusqu'à verser des larmes, tirez-les promptement de cet état d'assoupissement et de léthargie, donnez-leur des festins, faites-leur entendre le bruit du tambour et des autres instruments militaires, exercez-les, faites-leur faire des évolutions, faites-leur changer de place, menez-les même dans des lieux un peu difficiles, où elles aient à travailler et à souffrir. Imitez la conduite de Tchouan Tchou et de Tsao-Kouei, vous changerez le cœur de vos soldats, vous les accoutumerez au travail, ils s'y endurciront, rien ne leur coûtera dans la suite.

Les quadrupèdes regimbent quand on les charge trop, ils deviennent inutiles quand ils sont forcés. Les oiseaux au contraire veulent être forcés pour être d'un bon usage. Les hommes tiennent un milieu entre les uns et les autres, il faut les charger, mais non pas jusqu'à les accabler ; il faut même les forcer, mais avec discernement et mesure.

Si vous voulez tirer un bon parti de votre armée, si vous voulez qu'elle soit invincible, faites qu'elle ressemble au Chouai Jen. Le Chouai Jen est une espèce de gros serpent qui se trouve dans la montagne de Tchang Chan. Si l'on frappe sur la tête de ce serpent, à l'instant sa queue va au secours, et se recourbe jusqu'à la tête ; qu'on le frappe sur la queue, la tête s'y trouve dans le moment pour la défendre ; qu'on le frappe sur le milieu ou sur quelque autre partie de son corps, sa tête et sa queue s'y trouvent d'abord réunies. Mais cela peut-il être pratiqué par une armée ? dira peut-être quelqu'un. Oui, cela se peut, cela se doit, et il le faut.

Quelques soldats du royaume de Ou se trouvèrent un jour à passer une rivière en même temps que d'autres soldats du royaume de Yue la passaient aussi ; un vent impétueux souffla, les barques furent renversées et les hommes auraient tous péri, s'ils ne se fussent aidés mutuellement : ils ne pensèrent pas alors qu'ils étaient ennemis, ils se rendirent au contraire tous les offices qu'on pouvait attendre d'une amitié tendre et sincère, ils coopérèrent comme la main droite avec la main gauche.

Je vous rappelle ce trait d'Histoire pour vous faire entendre que non seulement les différents corps de votre armée doivent se secourir mutuellement, mais encore qu'il faut que vous secouriez vos alliés, que vous donniez même du secours aux peuples vaincus qui en ont besoin ; car, s'ils vous sont soumis, c'est qu'ils n'ont pu faire autrement ; si leur souverain vous a déclaré la guerre, ce n'est pas de leur faute. Rendez-leur des services, ils auront leur tour pour vous en rendre aussi.

En quelque pays que vous soyez, quel que soit le lieu que vous occupiez, si dans votre armée il y a des étrangers, ou si, parmi les peuples vaincus, vous avez choisi des soldats pour grossir le nombre de vos troupes, ne souffrez jamais que dans les corps qu'ils composent ils soient ou les plus forts, ou en majorité. Quand on attache plusieurs chevaux à un même pieu, on se garde bien de mettre ceux qui sont indomptés, ou tous ensemble, ou avec d'autres en moindre nombre qu'eux, ils mettraient tout en désordre ; mais lorsqu'ils sont domptés, ils suivent aisément la multitude.

Dans quelque position que vous puissiez être, si votre armée est inférieure à celle des ennemis, votre seule conduite, si elle est bonne, peut la rendre victorieuse. Il n'est pas suffisant de compter sur les chevaux boiteux ou les chariots embourbés, mais à quoi vous servirait d'être placé avantageusement si vous ne saviez pas tirer parti de votre position ? À quoi servent la bravoure sans la prudence, la valeur sans la ruse ?

Un bon général tire parti de tout, et il n'est en état de tirer parti de tout que parce qu'il fait toutes ses opérations avec le plus grand secret, qu'il sait conserver son sang-froid, et qu'il gouverne avec droiture, de telle sorte néanmoins que son armée a sans cesse les oreilles trompées et les yeux fascinés. Il sait si bien que ses troupes ne savent jamais ce qu'elles doivent faire, ni ce qu'on doit leur commander. Si les événements changent, il change de conduite ; si ses méthodes, ses systèmes ont des inconvénients, il les corrige toutes les fois qu'il le veut, et comme il le veut. Si ses propres gens ignorent ses desseins, comment les ennemis pourraient-ils les pénétrer ?

Un habile général sait d'avance tout ce qu'il doit faire ; tout autre que lui doit l'ignorer absolument. Telle était la pratique de ceux de nos anciens guerriers qui se sont le plus distingués dans l'art sublime du gouvernement. Voulaient-ils prendre une ville d'assaut, ils n'en parlaient que lorsqu'ils étaient aux pieds des murs. Ils montaient les premiers, tout le monde les suivait ; et lorsqu'on était logé sur la muraille, ils faisaient rompre toutes les échelles. Étaient-ils bien avant dans les terres des alliés, ils redoublaient d'attention et de secret.

Partout ils conduisaient leurs armées comme un berger conduit un troupeau ; ils les faisaient aller où bon leur semblait, ils les faisaient revenir sur leurs pas, ils les faisaient retourner, et tout cela sans murmure, sans résistance de la part d'un seul.

La principale science d'un général consiste à bien connaître les neuf sortes de terrain, afin de pouvoir faire à propos les neuf changements. Elle consiste à savoir déployer et replier ses troupes suivant les lieux et les circonstances, à travailler efficacement à cacher ses propres intentions et à découvrir celles de l'ennemi, à avoir pour maxime certaine que les troupes sont très unies entre elles, lorsqu'elles sont bien avant dans les terres des ennemis ; qu'elles se divisent au contraire et se dispersent très aisément, lorsqu'on ne se tient qu'aux frontières ; qu'elles ont déjà la moitié de la victoire, lorsqu'elles se sont emparées de tous les allants et de tous les aboutissants, tant de l'endroit où elles doivent camper que des environs du camp de l'ennemi ; que c'est un commencement de succès que d'avoir pu camper dans un terrain vaste, spacieux et ouvert de tous côtés ; mais que c'est presque avoir vaincu, lorsque étant dans les possessions ennemies, elles se sont emparées de tous les petits postes, de tous les chemins, de tous les villages qui sont au loin des quatre côtés, et que, par leurs bonnes manières, elles ont gagné l'affection de ceux qu'elles veulent vaincre, ou qu'elles ont déjà vaincus.

Instruit par l'expérience et par mes propres réflexions, j'ai tâché, lorsque je commandais les armées, de réduire en pratique tout ce que je vous rappelle ici. Quand j'étais dans des lieux de division, je travaillais à l'union des cœurs et à l'uniformité des sentiments. Lorsque j'étais dans des lieux légers, je rassemblais mon monde, et je l'occupais utilement. Lorsqu'il s'agissait des lieux qu'on peut disputer, je m'en emparais le premier, quand je le pouvais ; si l'ennemi m'avait prévenu, j'allais après lui, et j'usais d'artifices pour l'en déloger. Lorsqu'il était question des lieux de réunion, j'observais tout avec une extrême diligence, et je voyais venir l'ennemi. Sur un terrain plein et uni, je m'étendais à l'aise et j'empêchais l'ennemi de s'étendre. Dans des lieux à plusieurs issues, quand il m'était impossible de les occuper tous, j'étais sur mes gardes, j'observais l'ennemi de près, je ne le perdais pas de vue. Dans des lieux graves et importants, je nourrissais bien le soldat, je l'accablais de caresses. Dans des lieux gâtés ou détruits, je tâchais de me tirer d'embarras, tantôt en faisant des détours et tantôt en remplissant les vides. Enfin, dans des lieux de morts, je faisais croire à l'ennemi que je ne pouvais survivre.

Les troupes bien disciplinées résistent quand elles sont encerclées ; elles redoublent d'efforts dans les extrémités, elles affrontent les dangers sans crainte, elles se battent jusqu'à la mort quand il n'y a pas d'alternative, et obéissent implicitement. Si celles que vous commandez ne sont pas telles, c'est votre faute ; vous ne méritez pas d'être à leur tête.

Si vous êtes ignorant des plans des États voisins, vous ne pourrez préparer vos alliances au moment opportun ; si vous ne savez pas en quel nombre sont les ennemis contre lesquels vous devez combattre, si vous ne connaissez pas leur fort et leur faible, vous ne ferez jamais les préparatifs ni les dispositions nécessaires pour la conduite de votre armée ; vous ne méritez pas de commander.

Si vous ignorez où il y a des montagnes et des collines, des lieux secs ou humides, des lieux escarpés ou pleins de défilés, des lieux marécageux ou pleins de périls, vous ne sauriez donner des ordres convenables, vous ne sauriez conduire votre armée ; vous êtes indigne de commander.

Si vous ne connaissez pas tous les chemins, si vous n'avez pas soin de vous munir de guides sûrs et fidèles pour vous conduire par les routes que vous ignorerez, vous ne parviendrez pas au terme que vous vous proposez, vous serez la dupe des ennemis ; vous ne méritez pas de commander.

Lorsqu'un grand hégémonique attaque un État puissant, il fait en sorte qu'il soit impossible à l'ennemi de se concentrer. Il intimide l'ennemi et empêche ses alliés de se joindre à lui. Il s'ensuit que le grand hégémonique ne combat pas des combinaisons puissantes États et ne nourrit pas le pouvoir d'autres États. Il s'appuie pour la réalisation de ses buts sur sa capacité d'intimider ses opposants et ainsi il peut prendre les villes ennemies et renverser État de l'ennemi.

Si vous ne savez pas combiner quatre et cinq tout à la fois, vos troupes ne sauraient aller de pair avec celles des vassaux et des feudataires. Lorsque les vassaux et les feudataires avaient à faire la guerre contre quelque grand prince, ils s'unissaient entre eux, ils tâchaient de troubler tout l'Univers, ils mettaient dans leur parti le plus de monde qu'il leur était possible, ils recherchaient surtout l'amitié de leurs voisins, ils l'achetaient même bien cher s'il le fallait. Ils ne donnaient pas à l'ennemi le temps de se reconnaître, encore moins celui d'avoir recours à ses alliés et de rassembler toutes ses forces, ils l'attaquaient lorsqu'il n'était pas encore en état de défense ; aussi, s'ils faisaient le siège d'une ville, ils s'en rendaient maîtres à coup sûr. S'ils voulaient conquérir une province, elle était à eux ; quelques grands avantages qu'ils se fussent d'abord procurés, ils ne s'endormaient pas, ils ne laissaient jamais leur armée s'amollir par l'oisiveté ou la débauche, ils entretenaient une exacte discipline, ils punissaient sévèrement, quand les cas l'exigeaient, et ils donnaient libéralement des récompenses, lorsque les occasions le demandaient. Outre les lois ordinaires de la guerre, ils en faisaient de particulières, suivant les circonstances des temps et des lieux.

Voulez-vous réussir ? Prenez pour modèle de votre conduite celle que je viens de vous tracer ; regardez votre armée comme un seul homme que vous seriez chargé de conduire, ne lui motivez jamais votre manière d'agir ; faites-lui savoir exactement tous vos avantages, mais cachez-lui avec grand soin jusqu'à la moindre de vos pertes ; faites toutes vos démarches dans le plus grand secret ; placez-les dans une situation périlleuse et elles survivront ; disposez-les sur un terrain de mort et elles vivront, car, lorsque l'armée est placée dans une telle situation, elle peut faire sortir la victoire des revers.

Accordez des récompenses sans vous préoccuper des usages habituels, publiez des ordres sans respect des précédents, ainsi vous pourrez vous servir de l'armée entière comme d'un seul homme.

Éclairez toutes les démarches de l'ennemi, ne manquez pas de prendre les mesures les plus efficaces pour pouvoir vous assurer de la personne de leur général ; faites tuer leur général, car vous ne combattez jamais que contre des rebelles.

Le nœud des opérations militaires dépend de votre faculté de faire semblant de vous conformer aux désirs de votre ennemi.

Ne divisez jamais vos forces ; la concentration vous permet de tuer son général, même à une distance de mille lieues ; là se trouve la capacité d'atteindre votre objet d'une manière ingénieuse.

Lorsque l'ennemi vous offre une opportunité, saisissez-en vite l'avantage ; anticipez-le en vous rendant maître de quelque chose qui lui importe et avancez suivant un plan fixé secrètement.

La doctrine de la guerre consiste à suivre la situation de l'ennemi afin de décider de la bataille.

Dès que votre armée sera hors des frontières, faites-en fermer les avenues, déchirez les instructions qui sont entre vos mains et ne souffrez pas qu'on écrive ou qu'on reçoive des nouvelles ; rompez vos relations avec les ennemis, assemblez votre conseil et exhortez-le à exécuter le plan ; après cela, allez à l'ennemi.

Avant que la campagne soit commencée, soyez comme une jeune fille qui ne sort pas de la maison ; elle s'occupe des affaires du ménage, elle a soin de tout préparer, elle voit tout, elle entend tout, elle fait tout, elle ne se mêle d'aucune affaire en apparence.

La campagne une fois commencée, vous devez avoir la promptitude d'un lièvre qui, se trouvant poursuivi par des chasseurs, tâcherait, par mille détours, de trouver enfin son gîte, pour s'y réfugier en sûreté.

# Article XII – De l’art d’attaquer par le feu

Sun Tzu dit : Les différentes manières de combattre par le feu se réduisent à cinq. La première consiste à brûler les hommes ; la deuxième, à brûler les provisions ; la troisième, à brûler les bagages ; la quatrième, à brûler les arsenaux et les magasins ; et la cinquième, à utiliser des projectiles incendiaires.

Avant que d’entreprendre ce genre de combat, il faut avoir tout prévu, il faut avoir reconnu la position des ennemis, il faut s’être mis au fait de tous les chemins par où il pourrait s’échapper ou recevoir du secours, il faut s’être muni des choses nécessaires pour l’exécution du projet, il faut que le temps et les circonstances soient favorables.

Préparez d’abord toutes les matières combustibles dont vous voulez faire usage : dès que vous aurez mis le feu, faites attention à la fumée. Il y a le temps de mettre le feu, il y a le jour de le faire éclater : n’allez pas confondre ces deux choses. Le temps de mettre le feu est celui où tout est tranquille sous le Ciel, où la sérénité paraît devoir être de durée. Le jour de le faire éclater est celui où la lune se trouve sous une des quatre constellations, Qi, Pi, Y, Tchen. Il est rare que le vent ne souffle point alors, et il arrive très souvent qu’il souffle avec force.

Les cinq manières de combattre par le feu demandent de votre part une conduite qui varie suivant les circonstances : ces variations se réduisent à cinq. Je vais les indiquer, afin que vous puissiez les employer dans les occasions.

I. Dès que vous aurez mis le feu, si, après quelque temps, il n’y a aucune rumeur dans le camp des ennemis, si tout est tranquille chez eux, restez vous-même tranquille, n’entreprenez rien ; attaquer imprudemment, c’est chercher à se faire battre. Vous savez que le feu a pris, cela doit vous suffire : en attendant, vous devez supposer qu’il agit sourdement ; ses effets n’en seront que plus funestes. Il est au-dedans ; attendez qu’il éclate et que vous en voyiez des étincelles au-dehors, vous pourrez aller recevoir ceux qui ne chercheront qu’à se sauver.

II. Si peu de temps après avoir mis le feu, vous voyez qu’il s’élève par tourbillons, ne donnez pas aux ennemis le temps de l’éteindre, envoyez des gens pour l'attiser, disposez promptement toutes choses, et courez au combat.

III. Si malgré toutes vos mesures et tous les artifices que vous aurez pu employer, il n'a pas été possible à vos gens de pénétrer dans l'intérieur, et si vous êtes forcé à ne pouvoir mettre le feu que par dehors, observez de quel côté vient le vent ; c'est de ce côté que doit commencer l'incendie ; c'est par le même côté que vous devez attaquer. Dans ces sortes d'occasions, qu'il ne vous arrive jamais de combattre sous le vent.

IV. Si pendant le jour le vent a soufflé sans discontinuer, regardez comme une chose sûre que pendant la nuit il y aura un temps où il cessera ; prenez là-dessus vos précautions et vos arrangements.

V. Un général qui, pour combattre ses ennemis, sait employer le feu toujours à propos est un homme véritablement éclairé. Un général qui sait se servir de l'eau et de l'inondation pour la même fin est un excellent homme. Cependant, il ne faut employer l'eau qu'avec discrétion. Servez-vous-en, à la bonne heure ; mais que ce ne soit que pour gâter les chemins par où les ennemis pourraient s'échapper ou recevoir du secours.

Les différentes manières de combattre par le feu, telles que je viens de les indiquer, sont ordinairement suivies d'une pleine victoire, dont il faut que vous sachiez recueillir les fruits. Le plus considérable de tous, et celui sans lequel vous auriez perdu vos soins et vos peines, est de connaître le mérite de tous ceux qui se seront distingués, c'est de les récompenser en proportion de ce qu'ils auront fait pour la réussite de l'entreprise. Les hommes se conduisent ordinairement par l'intérêt ; si vos troupes ne trouvent dans le service que des peines et des travaux, vous ne les emploierez pas deux fois avec avantage.

La nécessité seule doit faire entreprendre la guerre. Les combats, de quelque nature qu'ils soient, ont toujours quelque chose de funeste pour les vainqueurs eux-mêmes ; il ne faut les livrer que lorsqu'on ne saurait faire la guerre autrement.

Lorsqu'un souverain est animé par la colère ou par la vengeance, qu'il ne lui arrive jamais de lever des troupes. Lorsqu'un général trouve qu'il a dans le cœur les mêmes sentiments, qu'il ne livre jamais de combats. Pour l'un et pour l'autre ce sont des temps nébuleux : qu'ils attendent les jours de sérénité pour se déterminer et pour entreprendre.

S'il y a quelque profit à espérer en vous mettant en mouvement, faites marcher votre armée ; si vous ne prévoyez aucun avantage, tenez-vous en repos ; eussiez-vous les sujets les plus légitimes d'être irrité, vous eût-on provoqué, insulté même, attendez, pour prendre votre parti, que le feu de la colère se soit dissipé et que les sentiments pacifiques s'élèvent en foule dans votre cœur. N'oubliez jamais que votre dessein, en faisant la guerre, doit être de procurer à État la gloire, la splendeur et la paix, et non pas d'y mettre le trouble, la désolation et la confusion.

Ce sont les intérêts du pays et non pas vos intérêts personnels que vous défendez. Vos vertus et vos vices, vos belles qualités et vos défauts rejaillissent également sur ceux que vous représentez. Vos moindres fautes sont toujours de conséquence ; les grandes sont souvent irréparables, et toujours très funestes. Il est difficile de soutenir un royaume que vous aurez mis sur le penchant de sa ruine ; il est impossible de le relever, s'il est une fois détruit : on ne ressuscite pas un mort.

De même qu'un prince sage et éclairé met tous ses soins à bien gouverner, ainsi un général habile n'oublie rien pour former de bonnes troupes, et pour les employer à sauvegarder État et à préserver l'armée.

# Article XIII – De la concorde et de la discorde

Sun Tzu dit : Si, ayant sur pied une armée de cent mille hommes, vous devez la conduire jusqu'à la distance de cent lieues, il faut compter qu'au-dehors, comme au-dedans, tout sera en mouvement et en rumeur. Les villes et les villages dont vous aurez tiré les hommes qui composent vos troupes ; les hameaux et les campagnes dont vous aurez tiré vos provisions et tout l'attirail de ceux qui doivent les conduire ; les chemins remplis de gens qui vont et viennent, tout cela ne saurait arriver qu'il n'y ait bien des familles dans la désolation, bien des terres incultes, et bien des dépenses pour État

Sept cent mille familles dépourvues de leurs chefs ou de leurs soutiens se trouvent tout à coup hors d'état de vaquer à leurs travaux ordinaires ; les terres privées d'un pareil nombre de ceux qui les faisaient valoir diminuent, en proportion des soins qu'on leur refuse, la quantité comme la qualité de leurs productions.

Les appointements de tant d'officiers, la paie journalière de tant de soldats et l'entretien de tout le monde creusent peu à peu les greniers et les coffres du prince comme ceux du peuple, et ne sauraient manquer de les épuiser bientôt.

Être plusieurs années à observer ses ennemis, ou à faire la guerre, c'est ne point aimer le peuple, c'est être l'ennemi de son pays ; toutes les dépenses, toutes les peines, tous les travaux et toutes les fatigues de plusieurs années n'aboutissent le plus souvent, pour les vainqueurs eux-mêmes, qu'à une journée de triomphe et de gloire, celle où ils ont vaincu. N'employer pour vaincre que la voie des sièges et des batailles, c'est ignorer également et les devoirs de souverain et ceux de général ; c'est ne pas savoir gouverner ; c'est ne pas savoir servir État

Ainsi, le dessein de faire la guerre une fois formé, les troupes étant déjà sur pied et en état de tout entreprendre, ne dédaignez pas d'employer les artifices.

Commencez par vous mettre au fait de tout ce qui concerne les ennemis ; sachez exactement tous les rapports qu'ils peuvent avoir, leurs liaisons et leurs intérêts réciproques ; n'épargnez pas les grandes sommes d'argent ;

n'ayez pas plus de regret à celui que vous ferez passer chez l'étranger, soit pour vous faire des créatures, soit pour vous procurer des connaissances exactes, qu'à celui que vous emploierez pour la paie de ceux qui sont enrôlés sous vos étendards : plus vous dépenserez, plus vous gagnerez ; c'est un argent que vous placez pour en retirer un gros intérêt.

Ayez des espions partout, soyez instruit de tout, ne négligez rien de ce que vous pourrez apprendre ; mais, quand vous aurez appris quelque chose, ne la confiez pas indiscrètement à tous ceux qui vous approchent.

Lorsque vous emploierez quelque artifice, ce n'est pas en invoquant les Esprits, ni en prévoyant à peu près ce qui doit ou peut arriver, que vous le ferez réussir ; c'est uniquement en sachant sûrement, par le rapport fidèle de ceux dont vous vous servirez, la disposition des ennemis, eu égard à ce que vous voulez qu'ils fassent.

Quand un habile général se met en mouvement, l'ennemi est déjà vaincu : quand il combat, il doit faire lui seul plus que toute son armée ensemble ; non pas toutefois par la force de son bras, mais par sa prudence, par sa manière de commander, et surtout par ses ruses. Il faut qu'au premier signal une partie de l'armée ennemie se range de son côté pour combattre sous ses étendards : il faut qu'il soit toujours le maître d'accorder la paix et de l'accorder aux conditions qu'il jugera à propos.

Le grand secret de venir à bout de tout consiste dans l'art de savoir mettre la division à propos ; division dans les villes et les villages, division extérieure, division entre les inférieurs et les supérieurs, division de mort, division de vie.

Ces cinq sortes de divisions ne sont que les branches d'un même tronc. Celui qui sait les mettre en usage est un homme véritablement digne de commander ; c'est le trésor de son souverain et le soutien de l'empire.

J'appelle division dans les villes et les villages celle par laquelle on trouve le moyen de détacher du parti ennemi les habitants des villes et des villages qui sont de sa domination, et de se les attacher de manière à pouvoir s'en servir sûrement dans le besoin.

J'appelle division extérieure celle par laquelle on trouve le moyen d'avoir à son service les officiers qui servent actuellement dans l'armée ennemie.

Par la division entre les inférieurs et les supérieurs, j'entends celle qui nous met en état de profiter de la mésintelligence que nous aurons su mettre entre alliés, entre les différents corps, ou entre les officiers de divers grades qui composent l'armée que nous aurons à combattre.

La division de mort est celle par laquelle, après avoir fait donner de faux avis sur l'état où nous nous trouvons, nous faisons courir des bruits tendancieux, lesquels nous faisons passer jusqu'à la cour de son souverain, qui, les croyant vrais, se conduit en conséquence envers ses généraux et tous les officiers qui sont actuellement à son service.

La division de vie est celle par laquelle on répand l'argent à pleines mains envers tous ceux qui, ayant quitté le service de leur légitime maître, ont passé de votre côté, ou pour combattre sous vos étendards, ou pour vous rendre d'autres services non moins essentiels.

Si vous avez su vous faire des créatures dans les villes et les villages des ennemis, vous ne manquerez pas d'y avoir bientôt quantité de gens qui vous seront entièrement dévoués. Vous saurez par leur moyen les dispositions du grand nombre des leurs à votre égard, ils vous suggéreront la manière et les moyens que vous devez employer pour gagner ceux de leurs compatriotes dont vous aurez le plus à craindre ; et quand le temps de faire des sièges sera venu, vous pourrez faire des conquêtes, sans être obligé de monter à l'assaut, sans coup férir, sans même tirer l'épée.

Si les ennemis qui sont actuellement occupés à vous faire la guerre ont à leur service des officiers qui ne sont pas d'accord entre eux ; si de mutuels soupçons, de petites jalousies, des intérêts personnels les tiennent divisés, vous trouverez aisément les moyens d'en détacher une partie, car quelque vertueux qu'ils puissent être d'ailleurs, quelque dévoués qu'ils soient à leur souverain, l'appât de la vengeance, celui des richesses ou des postes éminents que vous leur promettez, suffiront amplement pour les gagner ; et quand une fois ces passions seront allumées dans leur cœur, il n'est rien qu'ils ne tenteront pour les satisfaire.

Si les différents corps qui composent l'armée des ennemis ne se soutiennent pas entre eux, s'ils sont occupés à s'observer mutuellement, s'ils cherchent réciproquement à se nuire, il vous sera aisé d'entretenir leur mésintelligence, de fomenter leurs divisions ; vous les détruirez peu à peu les uns par les autres, sans qu'il soit besoin qu'aucun d'eux se déclare ouvertement pour votre parti ; tous vous serviront sans le vouloir, même sans le savoir.

Si vous avez fait courir des bruits, tant pour persuader ce que vous voulez qu'on croie de vous, que sur les fausses démarches que vous supposerez avoir été faites par les généraux ennemis ; si vous avez fait passer de faux avis jusqu'à la cour et au conseil même du prince contre les intérêts duquel vous avez à combattre ; si vous avez su faire douter des bonnes intentions de ceux mêmes dont la fidélité à leur prince vous sera la plus connue, bientôt vous verrez que chez les ennemis les soupçons ont pris la place de la confiance, que les récompenses ont été substituées aux châtiments et les châtiments aux récompenses, que les plus légers indices tiendront lieu des preuves les plus convaincantes pour faire périr quiconque sera soupçonné.

Alors les meilleurs officiers, leurs ministres les plus éclairés se dégoûteront, leur zèle se ralentira ; et se voyant sans espérance d'un meilleur sort, ils se réfugieront chez vous pour se délivrer des justes craintes dont ils étaient perpétuellement agités, et pour mettre leurs jours à couvert.

Leurs parents, leurs alliés ou leurs amis seront accusés, recherchés, mis à mort. Les complots se formeront, l'ambition se réveillera, ce ne seront plus que perfidies, que cruelles exécutions, que désordres, que révoltes de tous côtés.

Que vous restera-t-il à faire pour vous rendre maître d'un pays dont les peuples voudraient déjà vous voir en possession ?

Si vous récompensez ceux qui se seront donnés à vous pour se délivrer des justes craintes dont ils étaient perpétuellement agités, et pour mettre leurs jours à couvert ; si vous leur donnez de l'emploi, leurs parents, leurs alliés, leur amis seront autant de sujets que vous acquerrez à votre prince.

Si vous répandez l'argent à pleines mains, si vous traitez bien tout le monde, si vous empêchez que vos soldats ne fassent le moindre dégât dans les endroits par où ils passeront, si les peuples vaincus ne souffrent aucun dommage, assurez-vous qu'ils sont déjà gagnés, et que le bien qu'ils diront de vous attirera plus de sujets à votre maître et plus de villes sous sa domination que les plus brillantes victoires.

Soyez vigilant et éclairé ; mais montrez à l'extérieur beaucoup de sécurité, de simplicité et même d'indifférence ; soyez toujours sur vos gardes, quoique vous paraissiez ne penser à rien ; défiez-vous de tout, quoique vous paraissiez sans défiance ; soyez extrêmement secret, quoiqu'il paraisse que vous ne fassiez rien qu'à découvert ; ayez des espions partout ; au lieu de paroles, servez-vous de signaux ; voyez par la bouche, parlez par les yeux ; cela n'est pas aisé, cela est très difficile. On est quelquefois trompé lorsqu'on croit tromper les autres. Il n'y a qu'un homme d'une prudence consommée, qu'un homme extrêmement éclairé, qu'un sage du premier ordre qui puisse employer à propos et avec succès l'artifice des divisions. Si vous n'êtes point tel, vous devez y renoncer ; l'usage que vous en feriez ne tournerait qu'à votre détriment.

Après avoir enfanté quelque projet, si vous apprenez que votre secret a transpiré, faites mourir sans rémission tant ceux qui l'auront divulgué que ceux à la connaissance desquels il sera parvenu. Ceux-ci ne sont point coupables encore à la vérité, mais ils pourraient le devenir. Leur mort sauvera la vie à quelques milliers d'hommes et assurera la fidélité d'un plus grand nombre encore.

Punissez sévèrement, récompensez avec largesse : multipliez les espions, ayez-en partout, dans le propre palais du prince ennemi, dans l'hôtel de ses ministres, sous les tentes de ses généraux ; ayez une liste des principaux officiers qui sont à son service ; sachez leurs noms, leurs surnoms, le nombre de leurs enfants, de leurs parents, de leurs amis, de leurs domestiques ; que rien ne se passe chez eux que vous n'en soyez instruit.

Vous aurez vos espions partout : vous devez supposer que l'ennemi aura aussi les siens. Si vous venez à les découvrir, gardez-vous bien de les faire mettre à mort ; leurs jours doivent vous être infiniment précieux. Les espions des ennemis vous serviront efficacement, si vous mesurez tellement vos démarches, vos paroles et toutes vos actions, qu'ils ne puissent jamais donner que de faux avis à ceux qui les ont envoyés.

Enfin, un bon général doit tirer parti de tout ; il ne doit être surpris de rien, quoi que ce soit qui puisse arriver. Mais par-dessus tout, et de préférence à tout, il doit mettre en pratique ces cinq sortes de divisions. Rien n'est impossible à qui sait s'en servir.

Défendre les États de son souverain, les agrandir, faire chaque jour de nouvelles conquêtes, exterminer les ennemis, fonder même de nouvelles dynasties, tout cela peut n'être que l'effet des dissensions employées à propos.

Telle fut la voie qui permit l'avènement des dynasties Yin et Tcheou, lorsque des serviteurs transfuges contribuèrent à leur élévation.

Quel est celui de nos livres qui ne fait l'éloge de ces grands ministres ! L'Histoire leur a-t-elle jamais donné les noms de traîtres à leur patrie, ou de rebelles à leur souverain ? Seul le prince éclairé et le digne général peuvent gagner à leur service les esprits les plus pénétrants et accomplir de vastes desseins.

Une armée sans agents secrets est un homme sans yeux ni oreilles.

9 789373 684178

Printed at Repro India Ltd.